倡导青少年培
核心价值

自由篇

青少年读物

共青团中央网络影视中心/主编

台海出版社

图书在版编目（CIP）数据

倡导青少年培育社会主义核心价值观的故事. 自由篇 / 共青团中央网络影视中心主编. -- 北京 : 台海出版社, 2014.6

ISBN 978-7-5168-0374-5

Ⅰ.①倡… Ⅱ.①刘… Ⅲ.①社会主义建设-价值论-中国-青少年读物 Ⅳ.①D616-49

中国版本图书馆 CIP 数据核字(2014)第 153282 号

倡导青少年培育社会主义核心价值观的故事. 自由篇

主　　编：共青团中央网络影视中心

责任编辑：王　品　　装帧设计：视界创意
版式设计：林　兰　　责任印制：蔡　旭

出版发行：台海出版社
地　　址：北京市朝阳区劲松南路1号　邮政编码：100021
电　　话：010-64041652(发行,邮购)
传　　真：010-84045799(总编室)
网　　址：www.taimeng.org.cn/thcbs/default.htm
E-mail：thcbs@126.com

经　　销：全国各地新华书店
印　　刷：北京一鑫印务有限公司
本书如有破损、缺页、装订错误,请与本社联系调换

开　　本：655×960　1/16
字　　数：160千字　　印　　张：14
版　　次：2014年9月第1版　　印　　次：2021年6月第3次印刷
书　　号：ISBN 978-7-5168-0374-5

定　　价：35.00元

前言
FOREWORD

自由，即由自己作主，不受限制和约束。但需要指出的是，在法律意义上，自由不是毫无约束的自由，是有条件的自由。如今，自由和平等的观念在全世界范围内流行起来，有的人甚至认为它是促进人类社会进步的最伟大的动力之一。

自由有底线和原则，法律保护个体的自由。所以，公民有权利保证自己的财产和人权不受到侵犯，并由构成人民之间契约而起草的法律来保障。

自由是一种使人免于恐惧、奴役、伤害和满足自身欲望、实现自我价值的一种舒适和谐的心理状态。自由既有为所欲为的权利又有不损害他人合法权益的义务。

与自由相对的，是奴役。在封建国家里，反对的就是这些个人的自由和这些自由的天地。因为个人的自由必然会妨碍封建统治者行使的专制统治。所以，在封建国家，自由往往是不被广泛认可的，其内涵也是受到刻意扭曲的。

但是，也有人为了抵制自由的观念，把自由的观念绝对化，认为绝对的自由是不存在的，所以，他们否认自由的存在与意义。他们提出“自由王国”的哲学定义，指的是一种绝对的自由。而事实上，绝对的自由是不存在的，存在的是相对的自由。

在这本《倡导青少年培育社会主义核心价值观的故事·自由篇》中，讲述了几种条件下的自由，希望青少年朋友通过阅读本书，了解更多的自由。

目　录
CONTENTS

人类追求的最高境界

自由篇

人们对自由的追求和向往

用思想诠释自由

人类追求的最高境界

追求自由是人类在获得基本生存保障的前提下，渴求实现人生价值，提高生活质量进而提高生命质量的行为取向和行为方式。理性意义上的自由和对这种自由的尊重，是人类个体、群体，以至民族和国家走向文明和发展的必然的先决条件。

以诗唤自由

【名言】

生命诚可贵，爱情价更高。若为自由故，二者皆可抛。

——裴多菲

【故事】

1848 年春，奥地利统治下的匈牙利的民族矛盾与阶级矛盾已经达到白热化。匈牙利诗人裴多菲目睹人民遭受侵略和奴役，大声地疾呼：“难道我们要世代相传做奴隶吗？难道我们永远没有自由和平等吗?”诗人开始把理想同革命紧紧地连在了一起，决心依靠贫苦人民来战斗，并写下一系列语言凝练的小诗，作为鼓舞人们走向民族民主革命的号角。

3 月 14 日，他与其他起义的领导者在佩斯的一家咖啡馆里议定起义事项，并通过了旨在实行资产阶级改革的政治纲领《十二条》。当晚，裴多菲便写下起义檄文《民族之歌》：

起来，匈牙利人，祖国正在召唤！
是时候了，现在干，还不算太晚！
愿意做自由人呢，还是做奴隶？
你们自己选择吧，就是这个问题！

15 日清晨，震惊世界的“佩斯三月起义”开始了，1 万多名起义者集中在民族博物馆前，裴多菲当众朗诵了他的《民族之歌》。起义者呼声雷动，迅速占领了布达佩斯，并使之成为当时的欧洲革命中心。翌年4月，匈牙利国会还通过独立宣言，建立共和国。恩格斯曾指出："匈牙利是从三月革命时起在法律上和实际上都完全废除了农民封建义务的唯一国家。"

面对布达佩斯起义，决心维护欧洲旧有秩序的奥地利皇帝斐迪南马上联合俄国沙皇尼古拉一世，34万俄奥联军向着人口仅有500万的匈牙利凶狠地压来。民族危难时刻，裴多菲给最善战的将军贝姆寄去了一封信："请让我与您一起去战场，当然，我仍将竭力用我的笔为祖国服务……"在1848这一战火纷飞的年份里，裴多菲写下的抒情诗多达106首。翌年1月，裴多菲成为一名少校军官，在写诗的同时又直接拿起武器参加反抗俄奥联军的战斗。

【解读】

匈牙利诗人裴多菲是向往自由的，他把他内心的悸动形成了诗篇，在《自由与爱情》中，他尽情地呼吸着自由世界中的空气。以诗歌作号角用满腔激情争取民族独立，作为一名新时代青年，应该学习他这种为了自由而斗争的精神。

用音乐阐释自由

【名言】

竭力为善，爱自由甚于一切，即使为了王位，也不要忘记真理。

——贝多芬

【故事】

路德维希·凡·贝多芬（1770—1827年），伟大的德国作曲家、维也纳古典乐派代表人物之一，对世界音乐的发展有着举足轻重的作用，被世人尊称为“乐圣”。

贝多芬不愿做一个客厅里的宠儿，他宁愿在自己的住所，能够随己意进进出出、起床、穿衣和吃东西。他喜欢按照自己的兴趣为房间里的琐事瞎忙。有一次，为了空气流通和看清窗外的景物，他竟特意把窗户砍掉一块。他总是同房东们发生纠葛，总是不断地搬家。每当他处于创作高潮时，他总是把一盆又一盆的水泼到自己头上来使它冷却，直到水浸透到楼下的房间——我们可以想象那房东和其他房客的情绪会如何！有时他搬家搬得如此频繁，以致他甚至不愿操心把钢琴的腿支上，就干脆坐在地板上弹奏它。由于他每次租新房时必须签署一张租契，指明租期，他就往往同时为四个公寓付房租。这大概就是为什么他虽然挣了不少钱，可总是没有多少积蓄的原因吧！

1789 年法国资产阶级革命进步的思想意识给了他很多启发，从而奠定了他人文主义世界的观念——信人类平等，追求正义和个性自由，憎恨封建专制的压迫。尽管维也纳古典乐派中的三位著名作曲家所处的生活年代相当接近，但是贝多芬的思想同海顿和莫扎特显然并不属同一个“时代”。海顿一生备受凌辱，他虽也偶尔被激怒过，但却总是逆来顺受，当时进步的文学思潮和革命情绪都很少能使他激动，他的音乐同斗争永远也是绝缘的。莫扎特精神上遭受的苦难并不比海顿少，他勇敢于反抗，宁愿贫困而不能忍受大主教的侮辱，但在他的音乐中，从那充满阳光和青春活力的欢乐的背后，往往还是可以感觉得到一丝痛苦、忧郁和伤感的情绪。只有贝多芬，他不但愤怒地反对封建制度的专制，而且用他的音乐号召人们为自由和幸福而斗争。贝多芬在波恩时期（1782—1792 年）的创作，大都是一些小型的钢琴曲、重奏曲和歌曲等，这一时期可以说他还只是处于创作的准备阶段。他在维也纳最初十年（1792—1802 年）的创作，比较著名的作品也只有“悲怆”、“月光”钢琴奏鸣曲和“克罗采”小提琴奏鸣曲及第三钢琴协奏曲等。但在这期间，他对社会与政治诸问题又有了进一步的理解，也能意识到他要努力探寻的目标。1802—1812 年，他的创作进入了成熟时期，这段时间后来成为他的“英雄年代”。

【解读】

贝多芬是世界艺术史上的伟大作曲家之一，他的创作集中体现了他那巨人般的性格，反映了那个时代的进步思想，它的革命英雄主义形象可以用“通过苦难——走向欢乐；通过斗争——获得胜利”加以概括。他的作品既壮丽宏伟又极朴实鲜明他的音乐内容丰富，同时又易于为听众所理解和接受。贝多芬的音乐集中体现了他那个时代人民的痛苦和欢乐，斗争和胜利，因此它过去总是那样激励着人们，鼓舞着人们的斗志，即使到现在也使人们感到亲切。贝多芬的作品第九“合唱”交响曲、第五“命运”交响曲、第六“田园”交响曲、第三、第四、第五“皇帝”钢琴协奏曲、“月光”钢琴奏鸣曲、“悲怆”钢琴奏鸣曲、庄严弥撒曲等等，这些都是摆脱古典主义，展现自由的热情奔放的美丽乐章。

曼德拉带领南非走向自由

【名言】

义务所限制的并不是自由，而只是自由的抽象，即不自由。义务就是达到本质、获得肯定的自由。

——黑格尔

【故事】

纳尔逊·曼德拉于1918年6月18日出生在南非姆巴色河畔的部落酋长家庭。当酋长的父亲给他起名叫——罗利拉拉，意思是调皮鬼。曼德拉的母亲是一个出身高贵且有个性的女人。在曼德拉两岁时，父亲因顶撞白人地方官，被解除酋长职务，结束了家族世袭酋长的历史，迁往别处过起了普通黑人家庭的生活。曼德拉9岁时，父亲去世。父亲临终前把他托付给荣欣塔巴大酋长，因为父亲做大酋长时有恩于荣欣塔巴，所以大酋长荣欣塔巴收留了曼德拉。

曼德拉生活在大酋长荣欣塔巴身边，耳濡目染，慢慢地了解到了南非的历史，知道了白人的无耻与贪婪。从这时候起，曼德拉就立志要拯救自己的国家。

1942年，曼德拉通过函授课程，获得黑尔堡大学的文学学士学位。随后他开始半工半读，在威特沃特斯兰德大学攻读法律。后来他在朋友沃尔特·西苏鲁的帮助下开始在一家法律公司实习。沃尔特·西苏鲁是非洲人国民大会活跃分子，结识他是曼德拉一生中十分重要的一件事，是沃尔特·西苏鲁使曼德拉的世界观正式形成，开始直面一个残酷无情的事实——身为南非人，就离不开政治，就要与种族歧视主义作斗争。他毅然走上了追求民族解放的道路。两年后，他参加了主张非暴力斗争的南非非洲人国民大会（简称非国大）。

1961年，他领导罢工运动，抗议和抵制白人种族主义者成立的“南非共和国”；此后转入地下武装斗争，被任命为非国大领导的军事组织“民族之矛”的总司令。他曾秘密赴国外访问，并出席在亚的斯亚贝巴召开的泛非自由运动大会，呼吁对南非实行经济制裁。

1962年，曼德拉被捕入狱。南非政府以“煽动”罪和“非法越境”罪判处他5年监禁。两年后，他又被指控犯有叛国罪，被改判为无期徒刑。这时曼德拉只有47岁，对于一个政治家来说，这是一个黄金年龄，而曼德拉却身陷囹圄，在罗本岛开始了漫长的监狱生活。他备受迫害和折磨，但始终未改变反对种族主义，建立一个平等、自由的新南非的坚强信念。

至1990年，曼德拉已经度过了28年的牢狱生活。这时候，要求释放曼德拉的自由呼声响彻全球，2月11日，南非当局在国内外舆论压力下，被迫宣布无条件释放曼德拉。同年3月，他被非国大全国执委任命为副主席、代行主席职务。1991年7月当选为主席。1994年4月，非国大在南非首次不分种族的大选中获胜，曼德拉成为南非历史上第一位黑人总统。

【解读】

曼德拉为了消除南非的种族隔离和歧视制度，领导南非人民经过几十年艰苦卓绝的斗争，最终获得胜利。其间，他被当局以非法组织罪、叛国罪判为终身监禁。虽然身在牢狱，他却仍然顽强斗争。在度过非人般的28年监狱生活后，他被拥戴为这个重生国家的首位黑人领袖。

2000年8月南部非洲发展共同体授予他“卡马”勋章，以表彰他在领导南非人民争取自由的长期斗争中、在实现新旧南非的和平过渡阶段以及担任南共体主席期间作出的杰出贡献。

林肯拯救亿万黑奴

【名言】

给别人自由和维护自己的自由，两者同样是崇高的事业。

凡是不给别人自由的人，他们自己就不应该得到自由，而且在公正的上帝统治下，他们也是不能够长远地保持住自由的。

——林　肯

【故事】

林肯小的时候，家里很穷，因此他没有接受过多少正式教育。但他从小勤奋好学，一有机会就向别人请教，靠自学获得了丰富的知识。19岁时，林肯第一次见识了外面的世界，他乘船顺着俄亥俄河进入密西西比河到了新奥尔良。旅行中见到的黑奴的悲惨生活，深深地刺痛了林肯，他暗下决心：只要有机会，就要推翻蓄奴制度。

1858年，林肯在参加伊利诺伊州参议员竞选时，发表了一篇题为《裂开了的房子》的著名演说，他把美国南北两种制度（奴隶制度和资本主义制度）并存的局面比喻为“一幢裂开了的房子”，并明确表达了希望维护国家统一的愿望。尽管林肯的这次竞选失败了，他极富魅力的演讲使他的大名传遍了全国。1860年，林肯当选为美国总统。

林肯的当选，对南方种植园主的利益构成了严重威胁。1860年12月，南方的南卡罗来纳州首先宣布脱离联邦而独立，接着密西西比、佛罗里达等蓄奴州也相继宣布脱离联邦。南方叛乱诸州还建立了自己的政权，并在1861年4月12日不宣而战，攻占了联邦政府军驻守的萨姆特要塞，美国内战开始了。战争初期，北方军队屡战屡败，引起了人民的强烈不满。林肯认识到，是到废除奴隶制的时候了。1862年9月，林肯起草了《解放黑奴宣言》，并在次年的1月1日正式颁布，宣布废除叛乱各州的奴隶制，黑人奴隶获得人身自由。这个法案的颁布大大激发了人民的革命热情，成为北方军逆转战场形势的重要转折。1864年11月，林肯竞选连任成功。1865年4月，美国内战以林肯领导的联邦政府的获胜告终。

【解读】

亚伯拉罕·林肯是美国第16任总统，是世界历史中最伟大的人物之一，领导了拯救联邦和结束奴隶制度的伟大斗争，使黑人奴隶第一次拥有了属于自己的自由。人们怀念他的正直、仁慈和坚强的个性，他一直是美国历史上最受人景仰的总统之一。尽管他在边疆只受过一点儿初级教育，担任公职的经验也很少，然而，他那敏锐的洞察力和深厚的人道主义意识，使他成了美国历史上最伟大的总统。

革命导师马克思十分高度地评价林肯说："他是一个不会被困难所吓倒、不会为成功所迷惑的人，他不屈不挠地迈向自己的伟大目标，而从不轻举妄动，他稳步向前，而从不倒退……总之，他是一位达到了伟大境界而仍然保持自己优良品质的极其罕有的人物。"

马赫迪为独立自由而战

【名言】

自由向来是一切财富中最昂贵的财富。

——罗曼·罗兰

【故事】

反英武装大起义的著名领袖马赫迪1844年出生在苏丹栋古拉省拉巴卜岛一个贫苦的阿拉伯造船工人家庭，他从小就没有父亲，和几个哥哥在尼罗河上游过着流浪生活。19世纪70年代的苏丹，在英国殖民者和埃及封建主的双重压迫下，人民生活极为痛苦。家境的清贫，民族的灾难，在艾哈迈德幼小的心灵里打下很深的烙印。他同情民众疾苦，仇恨外国统治者。

艾哈迈德从儿童时代起就很想读书，终于找到一个机会，在一所古兰经学校求学。他发奋学习，成绩经常名列前茅。艾哈迈德是一个具有反抗精神的年轻的伊斯兰教教士。据传，有一次他公开拒绝吃学校发给学生的口粮，因为他认为这些口粮是政府从穷人那里横征暴敛得来的，直到教师向他保证，这是自己地里种出来的，他这才同意就餐。他的这一举动，轰动了全校。艾哈迈德对现实社会的种种腐败弊政更是愤愤不满。有一次，他的师父穆罕默德·沙里夫教长为儿子举行排场极为豪华的割礼仪式，艾哈迈德也参加了这次仪式。他不满这种情景，当即向师父提出异议。但是，他却因此冒犯了师父，被革出教门。艾哈迈德并没有屈服，相反，更坚定了他同腐朽势力作斗争的决心。

1871 年，艾哈迈德到阿巴岛定居，以传教方式在群众中进行宣传和组织工作。他通过宣讲古兰经教义，在民间宣传朴素的平等观念，主张在真主面前人人平等。他猛烈谴责一切富人、教长、官吏和外国入侵者的贪婪、残暴，号召人民拒绝纳税，起来驱逐外国侵略者。他的宣传深得人民的拥护。

1881 年 8 月，艾哈迈德经过长期的准备工作，利用伊斯兰教关于马赫迪（即救世主）出现的传说，宣布自己就是“救世主”——马赫迪，号召人民起来和“邪恶势力”作斗争，在人间建立真正的伊斯兰信仰和实现人间正义。他散发宣言，公开宣布要推翻统治阶级，建立一个“普遍平等、处处公正的美好社会”，提出“宁拚千条命，不缴一文税”的口号。这个口号，对生活在水深火热之中的苏丹农民具有极大的号召力，鼓舞他们同本国反动统治者和英国殖民侵略者进行英勇的斗争。

艾哈迈德的这一行动，使反动当局极为惊恐，苏丹总督派人去阿巴岛，要艾哈迈德立即放弃“救世主”的称号，停止“叛逆”行动。艾哈迈德严正回答说：“除了受命于神的权威之外，不承认任何权威。”统治当局派了两连武装来捕捉艾哈迈德。艾哈迈德以马赫迪的名义，号召人民拿起武器，进行“圣战”。他组织了一支以农民、手工业者为主体的三百多人的起义队伍，手执长矛、鱼叉和棍棒，严阵以待。8 月 12 日凌晨，当政府军偷袭马赫迪所在的村庄时，埋伏在四周的起义者，出其不意地冲杀出来，打死官兵 130 人。马赫迪武装起义正式开始。这是一次争取社会解放的起义。

初战胜利后，马赫迪的起义队伍转移到地势险要的卡迪尔山区，建立根据地。接着，他向各地派密使、发书信进行广泛宣传鼓动，号召均贫富，反压迫，赶走英国侵略者。

反动派为消灭起义者，多次派重兵“围剿”卡迪尔山区，均遭惨败。1881 年年底，法绍达省长拉希德指挥 1400 多人的“讨伐军”，前去袭击起义军，结果全军覆没。1882 年 6 月，一支 3500 人的“讨伐军”，在优素福·帕夏的率领下，气势汹汹地向根据地扑来，结果，中了起义军的埋伏，又被全部歼灭，优素福当场毙命。两次大胜仗，极大地鼓舞了广大人民群众的斗志，起义队伍迅速扩大到 15 万人。马赫迪率领他的主力军，向苏丹第二大城市乌拜伊德发起进攻。事先，他曾派出 3 名使者向该城统治者招降，均被活活绞死。统治者的残暴，激怒了起义的群众，在为战友报仇的口号声中，起义军直扑该城的西南角，马赫迪身先士卒，奋勇杀敌。经过 3 个多月的艰苦战斗，1883 年 1 月 17 日，终于攻克了乌拜伊德城。英国殖民者惊恐万分，先后从埃及派遣 5 万多士兵到苏丹参战。这年 9 月，英军 11000 余人，在希克斯将军的率领下，侵入苏丹，准备夺回乌拜伊德城。马赫迪采取了坚壁清野，切断后路、打进敌军内部进行分化瓦解和设埋伏圈袭击等办法，使敌军陷入绝境。在城南的希甘会战中，英军终于被马赫迪的4万优势兵力所歼，希克斯被击毙。此后，革命的烽火席卷苏丹的西部和南部，至1884年年初，整个南部地区宣告解放。

1884年1月，英国殖民者派出老奸巨滑的戈登任苏丹总督，戈登一到苏丹，就散布谎言，说他同情苏丹人民，将下令给苏丹“独立”。他还写信给马赫迪，要与马赫迪交“朋友”，“共商”苏丹大事。马赫迪当即回信，坚决地表示：“我是众所期待的当之无愧的马赫迪，是先知的继承人，我无须接受你委以的……君主之任”，“向我们投降，你才有生路”，表现出一个革命者崇高的民族气节。与此同时，马赫迪继续扩大反英武装队伍，决心消灭戈登的军队。10月22日，起义大军抵达距喀土穆不远的恩图曼城下。经过两个多月的鏖战，终于在1885年1月26日攻陷了喀土穆城，苏丹人民的死敌、曾经镇压过我国太平天国运动的刽子手戈登，被起义战士用长矛刺死在总督府前。

【解读】

马赫迪在起义中，和士兵同甘共苦，实行军事民主，缴获的战利品一律上交国库，不享受特权，作战机智多谋，屡战屡胜，深得人民的拥戴。正当抗英斗争取得节节胜利的时候，1885年6月，马赫迪不幸患病逝世，终年41岁。马赫迪逝世后，在总指挥阿卜杜拉的领导下，武装起义继续进行。9月，苏丹全境解放，马赫迪国家宣告成立。这个由马赫迪首创的独立国家，一直存在到19世纪末。

宁可为自由而死的斯巴达克

【名言】

在许多年间，完全建立在奴隶制上的仿佛万能的罗马帝国，经常受到在斯巴达克领导下武装起来、集合起来并组成一支大军的奴隶的大规模起义的震撼和打击。

——列 宁

【故事】

斯巴达克是色雷斯（今保加利亚）人。公元前 82 年，斯巴达克在一次色雷斯人抗击罗马侵略的激烈战斗中不幸被俘。斯巴达克遭俘后，被戴上脚镣，腿上涂上白粉，颈上挂着小牌，卖作奴隶。他曾屡次逃跑，但都被追捕回来。后来，奴隶主把他卖到卡普亚城的一个叫巴奇亚图的人开办的角斗学校去充当角斗士。角斗，罗马人称之为“游戏”，实际上是罗马的奴隶主拿奴隶的生命去满足他们荒淫无耻生活的一种最野蛮最残酷的“娱乐”。斯巴达克在角斗士学校受着折磨和压迫。

为了争取自由和生存，斯巴达克在卡普亚角斗学校经常对奴隶们进行宣传鼓动，他号召说：“宁可为自由而死于战场，决不为敌人的娱乐而丧身于竞技场。”他秘密组织了二百名左右奴隶角斗士，准备举行武装起义。由于出现了叛徒，角斗士们决定提前起义。公元前73 年，在斯巴达克的领导下，角斗士们手持菜刀、肉叉和木棒，杀死了监视看管他们的奴隶主和卫兵，冲出了“学校”。

斯巴达克和冲出卡普亚角斗学校的70多名角斗士，在维苏威火山举起了义旗。斯巴达克被推为领袖，克里克萨斯和埃诺玛伊当他的助手。处在水深火热之中的奴隶和破产农民，纷纷投奔斯巴达克起义队伍，起义者很快发展到近一万人。罗马奴隶主对斯巴达克起义军十分恐慌，他们首先派克罗狄乌斯带领3000官兵去镇压起义军。克罗狄乌斯发现斯巴达克阵地除一面外，周围都是悬崖峭壁，就在进山的唯一羊肠小道上布下兵力，妄图堵住奴隶的退路，把起义军困死在山上。斯巴达克和英勇的战士们没有惊慌失措，他们用结实的葡萄蔓编成很长的软梯，在一天傍晚，起义者一个接一个地爬下了峭壁，然后悄悄地绕到克罗狄乌斯军营的后面，把罗马人打得落花流水。

克罗狄乌斯狼狈地逃回罗马，元老院又派遣普布列、瓦伦涅率两个军团去镇压起义军。面对气势汹汹的罗马大军，斯巴达克镇定自若，他率领起义军先后歼灭了瓦伦涅的副将傅利乌斯的两千人马和科辛纽斯率领的罗马军队，在残酷的斗争中，起义军缺乏武器，同时饥饿、寒冷和疾病威胁着他们，但斯巴达克起义军坚韧不拔，最后打败了瓦伦涅军队。从此奴隶起义军军威大振，斯巴达克的名字传遍了整个意大利。

斯巴达克是一位伟大的军事统帅，具有卓越的组织能力和高超的军事指挥本领。在战斗中，斯巴达克陆续把部队编为骑兵队、重装兵队、轻装兵队，并把有技术的奴隶（铁匠等）组织起来制造盾甲兵器。斯巴达克抓住战斗间歇时间整顿部队，为起义军制订了严格的纪律：规定每个军团都配有军旗和军徽，缴获的战利品一律交公，缴获品在战士中平均分配，向群众买东西要付足价钱，不准欺侮老百姓等，因而提高了部队的战斗力，加强了和群众的联系。

公元前72年，罗马元老院又派出执政官波泼里科拉和连图拉斯，率领两个军团去镇压起义军。同年2月，为了让奴隶们获得自由，斯巴达克率领队伍北上，准备翻过阿尔卑斯山，让起义的弟兄们各自返回故乡。这时，斯巴达克起义军内部发生了分裂，克里克萨斯带领一部分不愿离开意大利的起义者离开了斯巴达克部队，因而削弱了起义军的力量。斯巴达克起义军消灭了前来围剿的两个执政官军队的有生力量，到达了波河流域。这时斯巴达克起义军已是拥有 12 万人的大军了。不久，摩提那城被攻克。以后，起义军改变了计划，挥戈南下，攻打首都罗马。

斯巴达克率领 12 万大军迅速南下，使罗马奴隶主极度惊慌。这时，克拉苏出任执政官，克拉苏是镇压奴隶起义的最凶恶的刽子手。他命令他的副将穆米乌斯跟踪起义军，穆米乌斯求功心切，结果被斯巴达克起义军所击败。克拉苏为了威胁士兵，恢复残忍的“十一抽杀令”（对临阵脱逃的士兵，十人中抽出一人处以死刑），然后尾追斯巴达克起义军。

斯巴达克这时已到了墨西拿海峡之滨，打算渡过海峡到西西里去，但是渡海没有成功。公元前 71 年冬，正当斯巴达克准备回师北上的时候，克拉苏追赶到了特默沙，特默沙是一条狭长的地带。克拉苏命令军队在特默沙挖了一条长 50 多公里，宽四、五米、深四五米的壕沟，想以此阻挡斯巴达克军队。斯巴达克不愧为一个伟大的杰出的军事领袖，在一个风雪交加的夜里，他率领部队突围冲出了克拉苏防线，向意大利东部沿岸挺进。可是，这时起义军出现了第二次分裂，一部分土生土长的意大利的农民和奴隶不愿跟随斯巴达克去布林的西，然后东渡亚得里亚海到希腊去。1200 名起义军战士分裂出去以后，斯巴达克带领部队继续向布林的西前进。从小亚细亚回来的罗马将军卢库鲁抢先占领了布林的西，截断了斯巴达克的去路。这时，庞培正从西班牙率军回国，克拉苏又从后面追来，形势紧迫，斯巴达克决定挥师北上，直捣罗马。克拉苏不甘心战功轻易地让庞培和卢库鲁夺去，紧紧尾随斯巴达克，急于展开决战。于是，一场惊天动地的战斗在阿普利亚和卡拉布利交界的地方展开了。战斗从早晨一直到黄昏，起义军的战士们顽强地战斗着。斯巴达克身先士卒，奋不顾身，砍死了两个罗马指挥官和无数的罗马兵士。斯巴达克要找克拉苏决战，但没有找到。在激烈战斗中，斯巴达克腿部负了重伤，便跪在地上，用盾牌护身，继续战斗，直到壮烈牺牲。

【解读】

斯巴达克牺牲了！他点燃起来的烈火，在一个较长的时期内继续在意大利燃烧。斯巴达克起义沉重地打击了古代罗马的奴隶主阶级，动摇了罗马奴隶主阶级的统治基础，加速了罗马奴隶制经济的危机，推动了历史前进。

争取自由独立的雄辩家

【名言】

辞令的灵魂就是行动，行动，再行动。

——德摩斯梯尼

【故事】

雅典正在召开公民大会，辩论的主题是民主和独裁问题，只见一个不到20岁的年轻人身穿淡黄色礼服，头戴月桂花冠，自信地大步走上讲台。

“唉，怎么又是他?”听众中有人小声议论着，还夹杂着轻微的嘲笑声。这些，台上的小伙子都听到了。他不由得又想起了前几次的失败，心中不免有点发怵。但他还是鼓起勇气，开始了演说：

“公民们，我讲的是雅典必须坚持民……民主制……”“怎么又口吃了?”他一急，又习惯性地耸了耸肩膀。“糟糕!”他心中暗暗叫苦，急得浑身发热，额上沁出了阵阵冷汗。台下的听众一阵骚动，有人干脆大声哄他下台，他又听到了不只一次听到过的哄笑声。

他默默地走下台来，激动人心的长篇演说词又白准备了，他沮丧极了，懊恼极了，用手捂着脸，急忙往家跑去……这个年轻人就是日后成为古希腊卓越的雄辩家和著名的政治家的德摩斯梯尼，这一年他 18 岁。

德摩斯梯尼（公元前 384—前 322 年）的父亲是富有的雅典公民，在他 7 岁时就已去世。监护人肆意侵吞了他的财产，到他成年时留给他的还不及他应得的十二分之一。为了索回遗产，德摩斯梯尼向雅典著名的演说家、擅长撰写遗产讼词的伊塞学习演说术。与监护人的财产纠纷持续了 5 年，在此期间，他发表了 5 篇演说词。

胜诉后的德摩斯梯尼成了著名律师，开始代人撰写法庭辩护词，但他更热望成为一名政治家。30 岁时他开始政治生涯，直至逝世，他一直是雅典政坛的活跃人物。

在雄辩术高度发达的雅典，无论是法庭里、广场中，还是公民大会上，经常有经验丰富的演说家的论辩，听众的要求很高，演说者的每一个不适当的用词，每一个难看的手势和动作，都会引来讥讽和嘲笑。

德摩斯梯尼天生口吃，嗓音微弱，还有耸肩的坏习惯。在常人看来，他似乎没有一点当演说家的天赋，因为在当时的雅典，一名出色的演说家必须声音洪亮，发音清晰，姿势优美，富有辩才。为了成为卓越的政治演说家，德摩斯梯尼做了超过常人几倍的努力，进行了异常刻苦的学习和训练。他最初的政治演说是很不成功的，由于发音不清，论证无力，多次被轰下讲坛。为此，他刻苦读书学习。据说，他抄写了《伯罗奔尼撒战争史》8 遍；他虚心向著名的演员请教发音的方法；为了改进发音，他把小石子含在嘴里朗读，迎着大风和波涛讲话；为了去掉气短的毛病，他一边在陡峭的山路上攀登，一边不停地吟诗；他在家里装了一面大镜子，每天起早贪黑地对着镜子练习演说；为了改掉说话耸肩的坏习惯，他在头顶上悬挂一柄剑，或悬挂一把铁叉；他把自己剃成阴阳头，以便能安心躲起来练习演说……

德摩斯梯尼不仅训练自己的发音，而且努力提高政治、文学修养。他研究古希腊的诗歌、神话，背诵优秀的悲剧和喜剧，探讨著名历史学家的文体和风格。柏拉图是当时公认的独具风格的演讲大师，他的每次演讲，德摩斯梯尼都前去聆听，并用心琢摩大师的演讲技巧……

经过十多年的磨练，德摩斯梯尼终于成为一位出色的演说家，他的著名的政治演说为他建立了不朽的声誉，他的演说词结集出版，成为古代雄辩术的典范，打动了千千万万读者的心。

当德摩斯梯尼登上雅典政坛的时候，正是马其顿王国在国王腓力二世的治理下迅速崛起、四处扩张之时。在对待马其顿的态度上，希腊内部分为两派，一派是亲近马其顿派，一派是以德摩斯梯尼为主要代表的反对马其顿的扩张派。德摩斯梯尼多次登上公民大会的讲坛，声讨腓力二世。他发表了5篇反对腓力的演说，其中以公元前341年发表的最为著名，在这篇演说中，他大声疾呼：“当雅典的船尚未覆没之时，舟中的人无论大小都应动手救亡。一旦巨浪翻上船舷，那就一切都会同归于尽，一切努力都是枉然。”据说，当腓力读到这篇演说词时，竟然说：“如果我自己听德摩斯梯尼的演说，我自己也会投票赞成选举他当我的反对者的领袖。”

这篇充满爱国激情、富有说明力的演说发生了作用。公民大会决定派出使节联络友邦，德摩斯梯尼也被派往拜占庭。公元前340年，反马其顿同盟结成，援助拜占庭的希腊人打败了马其顿的舰队。随后，德摩斯梯尼被任命为海军部监。他立即开始整顿海军，还将剧院演出的一切费用都用作军费。德摩斯梯尼有一句名言：“辞令的灵魂就是行动，行动，再行动。”他自己就是遵照这句话去做的。公元前388年，他以重装兵的身份参加了决定性的喀罗尼亚战役。由于内部的分裂，希腊失败了，从此，希腊失去了自由和独立。

【解读】

公元前366年，腓力被刺身亡，欣喜万分的德摩斯梯尼身穿节日的盛装，头戴花环，出现在500人会议上。公元前322年，反对马其顿的起义被镇压下去，马其顿人要求交出德摩斯梯尼。他不得不离开雅典，辗转逃避，流亡异乡，于公元前322年在一个小岛的海神庙内，服毒自杀。公元前280年，雅典人为他建了一尊青铜雕像。他忠心为国，为独立自由顽强战斗的精神，永远活在雅典人民和崇拜欣赏他的人心中。

“我有一个梦想”

【名言】

我有一个梦，梦想这国家要高举并履行其信条的真正涵义：“我们信守这些不言自明的真理：人人生而平等。”

——马丁·路德·金

【故事】

1955年，年仅26岁的马丁·路德·金成为蒙哥马利市德克特斯特街浸礼会教堂牧师。就在这时，美国历史上一件具有深远影响的事发生了。1955年12月，一位42岁的黑人妇女罗莎·帕克斯在乘坐蒙哥马利市公共汽车公司的汽车时，因拒绝给一位白人男子让座，竟被警察以“擅占白人专座”的罪名拘捕，判处14天监禁或罚款14美元。消息一经传出，立即激起广大黑人的义愤，他们纷纷起来进行抗议游行。在马丁·路德·金和其他黑人领袖组织的“蒙哥马利改进协会”的号召和领导下，近5万名黑人展开了声势浩大的抵制公共汽车运动，这同时也揭开了持续十余年之久的黑人民权运动的序幕，而马丁·路德·金则迅速成为整个运动的领袖。结果，抵制乘车运动持续了整整一年，使那家汽车公司损失惨重，难以维持。1956年，在民权运动的压力下，美国最高法院不得不判决取消地方运输工具上的座位隔离制，并宣布在公共汽车上实行种族隔离违反宪法。在马丁·路德·金等人的领导下，美国黑人第一次以自己的力量取得了斗争的胜利。

以蒙哥马利市为发源地，美国黑人争取彻底的种族平等和公民权利的斗争迅速席卷全国。1957年1月，为了在初期统一组织和行动，有效地把民权运动推进下去，60位黑人牧师在亚特兰大组成了“南部基督教领袖联合会”，马丁·路德·金因其巨大的威望而被推举为该大会主席。从此，为了正义与和平，马丁·路德·金就不断往返于美国各大城市，四处奔走呼号。他主张运用非暴力的方式为黑人争取权益，认为只要一个国家的立国理念是人道、自由的，即使由于历史的原因，还存在许多暗角，人们对平等、正义的诉求迟早会取得胜利。在他的领导下，民权运动取得了一系列辉煌成果。

为了使世界人民关注美国种族隔离问题，马丁·路德·金会同其他民权运动领袖组织发起了历史性的“向首都华盛顿进军”的运动，要求工作和自由。1963年8月28日，在华盛顿广场林肯纪念堂前举行的规模浩大的黑人集会上，马丁·路德·金于发表了他举世闻名的演讲——《我有一个梦想》。

【解读】

马丁·路德·金为黑人谋求自由和平等，发动了美国的民权运动，功绩卓著，闻名于世。

马丁·路德·金在他的演讲《我有一个梦想》中说：“……当我们让自由之声轰响，当我们让自由之声响彻每一个大村小庄，每一个州府城镇，我们就能加速这一天的到来。那时，上帝的所有孩子，黑人和白人，犹太教徒和非犹太教徒，耶稣教徒和天主教徒，将能携手同唱那首古老的黑人灵歌：“终于自由了！终于自由了！感谢全能的上帝，我们终于自由了！”

的确，马丁·路德·金一生都在践行着自己的诺言，为此还付出了宝贵的生命。他为了黑人的自由和平等奉献了毕生的心血，值得我们现代人学习。

为自由奋斗的无产阶级旗手

【名言】

自由固不是钱所买到的，但能够为钱而卖掉。

——鲁　迅

【故事】

1909年8月，鲁迅从日本回国，先后应邀在杭州的浙江两级师范学堂和绍兴府中学堂执教，还曾应蔡元培之请在教育部任职。1918年，鲁迅在《新青年》发表了中国现代第一篇白话小说《狂人日记》。小说通过对“狂人”的心理描绘，形象地揭露和控诉了中国几千年“吃人”的历史，堪称五四运动中反封建的最强音。

从此，鲁迅一发而不可收，以揭露封建社会黑暗、封建礼教吃人为主题的作品接二连三地问世，《孔乙己》、《药》、《一件小事》、《故乡》、《阿Q正传》等相继发表。在《孔乙己》中，鲁迅成功地塑造了一个受科举考试制度毒害而沦落的读书人的形象；《阿Q正传》通过阿Q这样一个生动不朽的典型形象，深刻地揭示了辛亥革命必然失败的原因，反映了处于长期封建统治下的农村社会的劣根性和下层农民的愚昧现状。

1923年9月，鲁迅出版了小说集《呐喊》，将《狂人日记》、《药》和《阿Q正传》等14篇短篇小说收入其中。三年后，鲁迅又出版了《彷徨》，收有《祝福》等11个短篇。

除了小说外，鲁迅也写了大量散文、散文诗以及杂文，如《朝花夕拾》、《野草》等。作为一个学者，他还研究中国古代文化，撰写了极具见地和极高史料价值的《中国小说史略》。

1927年10月，鲁迅先后主编了《语丝》、《奔流》和《朝花》等文艺刊物。在阅读并翻译马克思主义文艺理论书籍的过程中，鲁迅的思想发生了很大的变化，他明确地肯定了文化起源于劳动，人民群众是文化的创造者。1930年年初，鲁迅参加了中国共产党领导的秘密政治团体“中国自由运动大同盟”，发表著名的讲话《对于左翼作家联盟的意见》，成为“中国左翼作家联盟”事实上的盟主。1931年2月，柔石等“左联”五烈士被害，鲁迅怀着悲愤的心情写下了《黑暗中国的文艺界现状》、《中国无产阶级革命文学和前驱的血》，针锋相对而又巧妙地同国民党当局对革命文化的疯狂“围剿”进行不屈的斗争。

在鲁迅的作品中，随处可见他的战斗精神以及他对中国黑暗社会的种种丑恶现象无情的批判，他的作品的思想性和艺术性均达到了炉火纯青的境界。

1936年10月19日，鲁迅逝世。上万人自发地为鲁迅先生举行了庄严隆重的葬礼，在棺盖上，民众代表为他覆上了“民族魂”的大旗。“鲁迅是一位为了中华民族新生而奋斗终生的文化巨人”，这是人民大众给他的最恰当的评价。

【解读】

鲁迅是新无产阶级革命文学的伟大旗手，他毕生都在为争取普通劳动人民的自由和平等而奋笔疾书着。鲁迅这个名字，对于全世界的文坛来说，都有着重要的意义。

鲁迅是20世纪中国最重要的作家，新文化运动的领导人、左翼文化运动的支持者。中华人民共和国评价他为现代文学家、思想家、革命家。

毛泽东评价他是伟大的无产阶级的文学家、思想家、革命家，是中国文化革命的主将，也被人民称为“民族魂”。

圣女贞德

【名言】

一切最文明的东西所具有的价值，自由都具备。

——贾尔斯

【故事】

圣女贞德，被称为“奥尔良的少女”，是法国的民族英雄、军事家，天主教会的圣女，法国人心中的自由女神。

贞德是一个平平常常的农家少女，整天牧羊，连最简单的字母都不认识。但是，国家的危急和各地人民保卫祖国的消息使这个偏远农村的小姑娘异常激动，她觉得自己有责任拯救多难的祖国。1429 年年初，贞德 17 岁时，英军围困了巴黎南面的奥尔良城。这是法国南北交通的战略重镇，一旦失守，南方就可能全部失陷。消息传来，贞德感到这正是自己为祖国献身的时刻。她一再请求父母和叔叔带她去见当地的法军队长。叔叔为她的热诚所感动，带她到了军官面前。

“你这个小姑娘，连怎样戴头盔都不知道，怎么能上战场呢?”军官问她。“我有决心和勇气，我能学会战斗。”贞德以坚定的口气回答。

“你一个人怎么和英国军队作战呢?”

“我有祖国和人民，还有国王。我要先解救奥尔良城，然后让国王正式加冕。”

贞德的话使军官大吃一惊。他派 7 名士兵陪她去见国王。国王查理七世被贞德坚不可摧的意志感动，同意让她带一支三四千人的军队去解救奥尔良城。

贞德的武器只有一把剑和一面旗帜。在战斗中，她总是高举旗帜，冲在队伍的最前面。她和她的旗帜在哪里出现，法国士兵就奋不顾身地冲去哪里。经过无数次战斗，贞德和她的部队来到了奥尔良城下。守城的法军却不肯开城迎接，他们不相信贞德这个女孩子能带兵打败英军，甚至有人认为她是妖怪巫女。贞德也不申辩，她巡视一周，看到城的另一边还有一座最坚固的英军堡垒，便指挥法军攻击敌堡。她首先跃过深壕，架起梯子爬上城堡，但摔了下来。不一会儿，她高举战旗又冲了上去。守城的官兵亲眼看到这一切，大为感动，立即开门出击。被英军围困长达 209 天的奥尔良解围了。捷报传开，整个法国一片欢腾。

奥尔良战役的胜利，彻底扭转了法国在整个战争中的危难局面，战争从此朝着有利于法国的方向发展。接着，贞德又率军收复了许多北方领土，并在兰斯大教堂举行了查理七世的加冕礼。但是，宫廷贵族和查理七世的将军们却不满意这位“平凡的农民丫头”影响的扩大，便蓄意谋害贞德。1430 年，在康边城附近的战斗中，当贞德及其部队被英军所逼、撤退回城时，这些封建主把她关在城外，最后以 4 万法郎将她卖给了英国人。贞德宁死不屈，她说：“为了法兰西，我视死如归!”1431 年 5 月 29 日，贞德备受酷刑之后在卢昂城下被活活烧死，她的骨灰被投到塞纳河中。死时，贞德还不满 20 岁。

【解读】

生命诚可贵，爱情价更高，若为自由故，二者皆可抛。一个平凡的少女，用自己的实际行动去真实的诠释了这句真理。为了挽救国家于危亡，毅然决然的挺身而出，最后献出了宝贵的生命。

卡斯特罗为古巴的自由而战

【名言】

没有机会这是弱者最好的借口!

——卡斯特罗

【故事】

卡斯特罗出生在古巴巴连奥特省一个富有的庄园主家庭。他的父亲是一位退役军人，而后靠种植甘蔗起家，在当地已经成为一个富有的种植园主。少年时期的卡斯特罗已经非常的勇敢。他的弟弟劳尔非常崇拜自己的哥哥，不仅因为卡斯特罗心胸开阔，还因他当时的劳苦大众的同情之心。因此卡斯特罗与剥削阶级的父亲有时候闹得很不愉快，甚至领导工人进行反抗自己父亲的罢工，这让他的父亲非常地头疼。青少年时代的卡斯特罗阅读了大量英雄人物传记和著作，例如，古巴民族独立先驱者何塞·马蒂、拉丁美洲的解放者玻利瓦尔和圣马丁，都是他心目中最崇拜并引以为榜样的英雄人物。

卡斯特罗 19 岁时考入哈瓦那大学法律系，当时由于当权者暴虐无道，广大的百姓处于水深火热之中，拉美民族革命运动虽如火如荼，但是都被独裁当局以残酷的手段镇压下去。这时，卡斯特罗也投身到民族解放斗争中去。他在学校组织起了爱国的大学生，用自己的智慧与反动政府进行着不懈斗争，因而成为哈瓦那大学的风云人物。两年后，卡斯特罗加入古巴人民党。22 岁的时候，他代表哈瓦那大学出席了在哥伦比亚波哥大举行的反帝反殖民的学生大会，并参加了博格达大学反对寡头政治的学生暴动。由于他们没有斗争经验，这次暴动被当局直接镇压下去，但是对卡斯特罗很大的教育意义：那就是只能运用武力来夺取政权。

暴动失败后，卡斯特罗回到古巴继续读书，24 岁的时候就获得了法学博士学位，出于对人民大众的同情，他常常为他们充当辩护人。没过多长时间，巴蒂斯塔发动了军事武装政变，加紧了军事独裁统治，这极大了地触怒了卡斯特罗。他率领 134 名爱国青年攻打圣地亚哥的蒙卡达兵营，想夺取一些武器来武装自己，并且他还希望自己的行动能吸引更多的爱国人士参与进来。但毕竟攻打的是兵营，终因力量悬殊而失败，他的大部分属下都被处死，而他和弟弟劳尔幸免于难。军事法庭上的审判还是避免不了的，在法庭上，法官要判他们有罪的时候，卡斯特罗发表了著名的自我辩护词《历史将宣判我无罪》。这篇辩护词极大地震动了一批爱国人士，使卡斯特罗的名字家喻户晓，同时也为卡斯特罗捞足了政治资本。

1955 年，巴蒂斯塔为当选总统开始拉拢人心，以便赢得支持同时他大赦犯人，卡斯特罗、弟弟劳尔和他的战友因此获释出狱。在将近 1 年的牢狱中，卡斯特罗结识了不少爱国革命分子，他出狱后便开始策划又一次的革命斗争，他把自己的革命武装部队藏匿到墨西哥，在那里他大力发展自己的武装。

1956 年，卡斯特罗率领他的革命战友乘坐船只从墨西哥回到古巴，但是在登陆的时候遭到政府军的武装袭击，手下几乎伤亡殆尽，只有他和他弟弟带领 12 个人仓皇逃到森林里开始进行游击战，卡斯特罗任游击队的司令员。由于他早期看过毛泽东的书籍，对从农村走向城市，开展土地革命走农村包围城市的道路这一革命理论耳熟能详。

结合这一理论，他在山区建立了大约有 5 万人的革命根据地，开始实行以农村包围城市的战略，同时颁布第一部《土改法》，顿时他的力量空前壮大起来。在他的影响下，全国开展了土地改革运动，并对巴蒂斯塔的暴力统治开始了反击。不久，巴蒂斯塔建立起来的军事政权土崩瓦解，巴蒂斯塔率领残部逃亡海外。1959 年 1 月 1 日，卡斯特罗出任临时革命政府总理和武装革命总司令。

他上任后开始对国内的反革命势力进行严厉的打击，在全国进行土改运动并没收国内重大企业为国有资产。这时美国开始干涉古巴内政，美国采取经济封锁、外交孤立和政治颠覆甚至组织雇佣军进行入侵，妄图把古巴新政权扼杀在摇篮里面。卡斯特罗率领古巴人民进行了针锋相对的斗争，并宣布实行社会主义社会革命运动，他还把党派合并为古巴共产党，任党总书记。在后来的选举中，他一直连任。

【解读】

卡斯特罗是社会主义革命家，他善于借鉴、学习，在不屈不挠的斗争中带领着古巴人民走向胜利，他以硬汉领袖的形象闻名世界。他明白，在一个强权的世界里，作为一名大无畏的革命战士，他将永远战斗下去。

作为古巴领袖，他积极地为古巴的和平进行着不懈的斗争，在艰苦的时候他仅有十几个属下，困难的时候吃不上一顿饱饭，但是他用自己坚强的意志和毅力终于统一古巴，建立了和平政权，为古巴人民创造了一个独立自由的世界。

自由的倡导者

【名言】

革命道德不是从天上掉下来的。而是从日常的坚持不懈的斗争和锻炼中发展和巩固起来的，正如玉石越磨越亮，黄金越炼越纯一样。

——胡志明

【故事】

胡志明一生致力于争取越南的民族解放和独立。1924 年 12 月中旬，胡志明化名李瑞从苏联来到中国广州。他在广州同越南著名的资产阶级民族民主革命家潘佩珠多次讨论越南革命问题，建议修改越南国民党党章，使之更革命化，并于1927年在广州成立越南青年革命同志会；1930年成立印度支那共产党；1941年发起成立越南独立同盟，与法国殖民者和日本帝国主义展开了坚决斗争。1945年革命胜利后，发表《独立宣言》，成立越南民主共和国，并任临时政府主席，后任主席、总理。在胡志明的领导下，越南人民取得了长达9年的抗法战争的胜利。

1954年日内瓦会议后，美国在越南南方扶植起傀儡政权，引起南越人民的反抗。美国又干涉老挝内政，多次发动军事政变，搞垮民主政权。1960年，越南南方民族解放阵线成立。美国深感不安，于1961年发动了一场“特种战争”——由美国出钱出枪，并出动军事顾问直接指挥南越军队进攻游击队。1964年8月，美国以“北部湾事件”为借口，将在南越进行的“特种战争”升级为针对整个越南的“局部战争”。1965年3月，美国又直接派兵参战，“南打北炸”。越南人民从不屈服，奋起反击，美国陷入了越南战争的泥潭。

1969年，尼克松上台后，实行战争“越南化”计划。1970年3月，美国又策动柬埔寨朗诺集团发动政变，将战火扩大到整个印度支那三国。美国由于连连受挫，被迫于1973年1月签订《关于在越南结束战争恢复和平的协定》。在60天内，美国从越南南方全部撤军，得以从越南战争脱身。1975年初，军民发起总攻。5月1日，越南南方全部解放，越南战争结束。

【解读】

胡志明为越南人民建立自由民主的国家，贡献了毕生的心血。他的壮举，也赢得了许多国家领导人的高度赞扬，其中，我国的周总理就曾经高度称赞胡志明为越南人民的伟大贡献，正是有了胡志明，越南人民才能过上自由、独立、民主的生活。

启迪民智，积极斗争

【名言】

金瓯已缺总须补，为国牺牲敢惜身。

——秋　瑾

【故事】

秋瑾自幼喜爱武术。1891 年初夏，秋瑾和家人随祖父秋嘉禾由福建回到故乡绍兴。不久，她就向武艺高强的单老四学习武艺。她不仅学会了打拳、耍刀、使棒、舞剑，还学会了骑马，骑术相当不错。当时，她家住在绍兴城南的和畅堂 23 号。和畅堂的后面，便是绍兴城内著名的塔山了。每当曙光初现的时候，秋瑾便登上塔山，耍刀舞剑，苦练过硬本领。秋瑾认为，革命不仅要靠嘴和笔，还要用刀和枪，要具备健壮的体魄和高超的武艺。因此，她总是把练武和实现救国救民的革命理想联系在一起。

从日本回国后，秋瑾经徐锡麟的介绍，加入光复会。1905 年 7 月，秋瑾复赴日本，又加入中国同盟会，并被推为同盟会浙江主盟人。从此，在孙中山的领导下，秋瑾以更加高昂的革命热情投入反清斗争。她先后在上海创办中国公学和《中国女报》，又在绍兴明道女学堂、吴兴浔溪女校执教，鼓励人们参加争取民族解放和妇女解放的斗争。她积极联络革命志士和各地会党，从事武装起义的各项准备工作。

1905 年 11 月，日本政府与清朝政府勾结，由日本文部省颁布了所谓《取缔清国留学生规则》，禁止中国留学生的革命活动，强迫留学生遵守清朝政府的法令。中国留学生八千余人，利用停课等方式来抗议日本这一反动法令。同盟会领导人之一陈天华，为表示抗议投海自尽。在留学生举行的追悼会上，秋瑾发表了慷慨激昂的演说，主张全体留学生返回祖国，当她讲到激动之处，随手便从靴筒里抽出“倭刀”，插于讲台之上，并且大声疾呼：“如有人回到祖国，投奔满虏，卖友求荣，欺压汉人，吃我一刀。”

1907 年年初，秋瑾接替徐锡麟主持绍兴大通学堂的工作后，以此为基地，加紧培训反清革命的武装骨干。她多次亲赴金华等地筹组和发展革命武装，组织光复军，亲拟革命文告，与徐锡麟计划皖浙起义，同举义旗。由于情势紧急，徐锡麟于 7 月 6 日在安庆提前起事，不幸失败被杀。此案波及绍兴。7 月 13 日，大通学堂被清军包围，秋瑾挺身迎敌，终因寡不敌众而被捕。秋瑾早已抱定为革命献身的决心，在残酷的刑审中，她始终坚贞不屈，保持革命气节，只留下“秋雨秋风愁煞人”这一壮烈的绝命词。

【解读】

秋瑾是一位女民主革命志士，女权运动的倡导者。她用自己的实际行动诠释了“巾帼不让须眉”的信条。

秋瑾把推翻满清专制帝制、创立民国作为自己奋斗的理想，并且豪迈地喊出了“金瓯已缺总须补，为国牺牲敢惜身”的名言，不愧为“最崇高的革命烈士之一”。

日心说诞生的故事

【名言】

人的天职在勇于探索真理。在许多问题上我的说法跟前人大不相同，但是我的知识得归功于他们，也得归功于那些最先为这门学说开辟道路的人。

——哥白尼

【故事】

哥白尼10岁丧父，由舅父瓦兹洛德大主教抚养，受到了良好的教育。他少年时代就对天文学有浓厚兴趣。中学时，在老师指导下，制造了一具按照日影确定时刻的日晷。18岁时，哥白尼进入克拉科夫大学。学校的人文主义者、数学家和天文学家布鲁楚斯基给予他很大的影响，哥白尼经常向这位学者请教天文学和数学方面的问题，还学会了用天文仪器观测天象。

大学毕业返回故乡后，瓦兹洛德派他去意大利学习教会法规。1497—1500年，他在波洛尼亚大学读书，除教会法规外，还同时研究多种学科，尤其是数学和天文学，并与该校的天文学教授、意大利文艺复兴运动的领导人之一诺法拉交往甚密，他们时常一起遥测宇宙，记录数据，研讨前人有关天文学的著作。哥白尼了解到，早在公元前3世纪，古希腊天文学家阿里斯塔恰斯就曾提出过地球绕太阳运行的概念，并首先测定了太阳和月亮对地球距离的近似比值，但后来遭到宗教势力的反对。为了直接阅读这类著作，哥白尼学会了希腊文。在实际的天文测量和对前人著述的钻研后，哥白尼对地球中心说产生了怀疑。地球中心说是古希腊哲学家亚里士多德提出来的，公元2世纪罗马天文学家托勒密又加以推演论证，使它进一步系统化。地心说认为地球静止不动地居于有限的宇宙中心，日月星辰都围绕地球运转，这一学说被基督教会奉为真理，成为神权统治的重要理论基础。

1506年，哥白尼回到波兰，在弗罗恩堡大教堂担任教士，这使得他有了一定的社会地位和物质保障，得以继续从事天文学研究和科学实验活动。为了研究方便，他特意选择了教堂围墙上的箭楼做宿舍兼工作室，他在里面设置了一个小小的天文台，用自制的简陋仪器，开始了长达30年的天体观测。正是在这里，他写下了巨著《天体运行论》，而其中选用的27个观测事例，就有25个是他在这个箭楼上观测记录的。《天体运行论》共6卷，哥白尼在书中完整地提出了太阳中心说，并批判了托勒密地球是静止的理论。

哥白尼的太阳中心说，科学地阐明了天体运行的现象，推翻了长期以来居于统治地位的地球中心说，并从根本上否定了基督教关于上帝创造一切的谬论。尽管他的学说仍然坚持宇宙中心和宇宙有限论，但却把天文学从宗教神学的束缚中解放出来，实现了天文学中的根本变革，在近代科学的发展史上具有划时代的意义。

1543年，哥白尼因病逝世，享年70岁。后人进一步发展了哥白尼的学说。

【解读】

哥白尼是一个伟大的天文学家，一生都致力于研究天体之间的规律。他是第一位提出太阳为中心“日心说”的欧洲天文学家，一般认为他著的《天体运行论》是现代天文学的起步点。

在现代人眼中，日心说这个观点很平常，但是在哥白尼生活的封建时代，人们普遍认为，地球才是宇宙的中心，只有哥白尼坚信自己的推断，为此，他付出了惨重的代价。但是，为了实现自己的理想，他毅然决然地走上了探求真理的道路。

黑人奴隶杜桑

【名言】

努力吧，自由属于我们！

——杜桑·卢维杜尔

【故事】

杜桑·卢维杜尔（1743—1803 年），原名叫弗朗索瓦·多米尼克·杜桑，海地革命领袖，海地著名的民族英雄。1743 年 5 月 20 日，杜桑出生在圣多明各（海地）北部的布雷达，父母都是当地一个大种植园主的黑人奴隶。杜桑从小跟着父母，为奴隶主放羊、喂马，后为马车夫。15 岁那年，他亲眼目睹种植园主把敢于起来反抗的黑奴，用火刑活活烧死的悲惨情景。这使年轻的杜桑永生难忘。

以后，杜桑还当过种植园一个糖厂的管理人、总管，因此有机会接触文化。他抓紧点滴空闲时间，刻苦自学法文，努力阅读孟德斯鸠、卢梭等启蒙思想家的著作，从中接受了反抗压迫、主张变革的进步思想。他十分向往人身自由，极度痛恨万恶的奴隶制度。

1791 年 8 月 22 日半夜，布雷达的黑人奴隶举行武装起义。不久，杜桑带领1000名奴隶前来参加起义，因他懂得草药知识，开始起义军让他当“军医”，但很快他就成为出色的起义领导人。起义奴隶叫他卢维杜尔，意为“打开”，“开创”，希望他为开辟自由之路而战斗到底。杜桑英勇善战，在他领导下，起义烈火很快燃遍全国，烧毁了1200个咖啡种植场和200个蔗糖种植场，逮捕了罪大恶极的奴隶主，并将他们投进火堆烧死。奴隶主惊恐万状，依靠法国殖民统治者派来的10000余名殖民军，向起义队伍疯狂反扑过来。杜桑领导起义军勇猛顽强，纪律严明，打败了法国殖民军，革命形势继续高涨。

当时，海地东部是被西班牙殖民者占领的，他们为与法国争夺殖民地，就乘机假装支持杜桑的抗法斗争，以解放黑人奴隶为名，于1793年派兵入侵海地。1794年5月，杜桑识破西班牙殖民者的阴谋，领导起义军，用武力赶走西班牙侵略军，一举解放了海地东部大部地区。杜桑在起义中，还注意团结黑白混血种人，提拔其中的优秀者为将领，共同战斗。在杜桑的领导下，革命军迅速扩大到4000人，斗争蓬勃开展。

海地的奴隶主为挽救覆亡的败局，1798年年初又勾结英国殖民者。英国殖民统治者派出15000侵略军在海地登陆。杜桑动员海地群众奋起抵抗，屡次大败英军，共歼灭英军14000余众。这年10月1日，残留的1000英军被迫向黑人革命军投降，并承认海地独立。接着，杜桑又分兵两路，从南北同时向西班牙殖民者残余势力发起总攻，很快统一了海地。

杜桑先后参加了200多次战斗，负伤20多次，一只手被火炮压坏，两个门牙被弹片炸掉，但他始终与战士在一起，同甘共苦，深得广大官兵的拥护和支持，成为威信很高的当然领袖。

杜桑把法、英、西殖民军全部赶出海地后，于1801年7月1日庄严宣布海地独立，并颁布了新宪法。宪法规定废除奴隶制度，居民不分肤色一律平等，私有财产神圣不可侵犯，贸易自由等等。海地建立起统一的政权，杜桑被推为终身执政。

杜桑掌权后，重视恢复和发展工商业和农业经济。他鼓励贸易，兴修公路，使用马车运输，引进新的甘蔗栽培法，勉励勤奋劳动，这些措施促进了海地经济的发展。

拿破仑在法国取得政权后，决定武装干涉海地革命。拿破仑派其妹夫查理·勒克莱尔克，带领54艘战舰和29000名侵略军向海地进发，企图重新征服海地。1802年1月底，法国舰队在海地靠岸，这时守候在峭壁海崖上的杜桑向战士们大声说；“整个法国已向海地袭来，要对我们进行报复，要使我们重新沦为奴隶。我们要用行动来表明，我们不愧为自由而战的战士。”接着，杜桑率领革命军奋勇抗击，多次挫败法军的进攻。

敌人施展了政治阴谋，勒克莱尔克先诱以利，派船“迎接”杜桑去法国享受荣华富贵，“安度余生”。杜桑讥讽说：“这只船太小，装不下我这样的人。”以示拒绝。勒克莱尔克又将杜桑在法国留学的两个儿子押到法国军舰上，强迫他们给杜桑写信，让他赶快投降，否则他们就要被杀掉。杜桑怒斥敌人：“我决不能牺牲我的人民来救自己的孩子!”严词拒绝。最后敌人竟使出国际关系史上罕见的卑鄙伎俩，假装要与杜桑谈判，以实现和平。他们谎说：“保证”杜桑的人身安全。杜桑一时丧失警惕，同意和谈，1802年6月7日，杜桑到达预先约定的谈判地点，勒克莱尔克当即背信弃约，将杜桑加上镣铐，用船押回法国，拘押在靠近瑞士边境的监狱里。杜桑在狱中坚持斗争，他坚定地表示；“只要我们黑人手里还掌握着枪杆，你们法国人高举屠刀的手总有一天会瘫软下来的!”杜桑受了一年多的残酷折磨，于1803年4月6日死于狱中。

【解读】

他为黑人奴隶的解放事业献出了生命。临死前，杜桑豪迈地宣称："他们推翻了我，只是在圣多明各砍倒了一棵自由之树。但这棵树一定会重新萌发生长的。因为它那茁壮的根，深扎在地下。"

海地人民化悲痛为力量，紧握武器，更加勇敢地投入了反抗殖民侵略者的斗争，先后消灭了侵略军35000人。1803年11月，侵略军的残部从海上逃走。1804年元旦，海地再次宣告独立。海地人民经过12年的浴血奋战，终于在拉丁美洲建立了第一个独立的黑人共和国，为拉美人民争取民族独立树立了榜样。

杰斐逊起草《独立宣言》

【名言】

人人生而平等，造物主赋予他们若干不可让与的权利，其中包括生存权、自由权和追求幸福的权利。

——杰斐逊

【故事】

托马斯·杰斐逊（1743—1826年），美国政治家、思想家，独立革命运动的积极领导者和组织者，《独立宣言》的起草人，两届美国总统。

杰斐逊出身于弗吉尼亚州一个富裕的种植园主家庭，父母在弗吉尼亚极有权势，因此，小时候的杰斐逊受到了很好的教育。他五岁就进英语学校，九岁进拉丁语学校，17 岁就读于威廉与玛丽学院。由于家庭的培养，再加上杰斐逊自己非常喜欢读书，经常手不释卷，而且学习异常勤奋，所以他的学习成绩一直很好，尤其是语言、历史、数学、农艺、建筑等方面，成绩非常突出。受当时的名律师乔治·威恩的影响，杰斐逊选择了律师作为自己的职业，并在大学毕业之后，从 1767 年到 1774 年，连续当了七年的律师。

1769 年，杰斐逊 26 岁，当选为弗吉尼亚议会的议员，从此开始了他长达 60 年之久的政治生涯。在议员的活动中，杰斐逊日益成熟，并逐渐成为弗吉尼亚的一个领袖人物。

1773 年“波士顿倾茶事件”正式引发了北美的独立运动。1774 年，杰斐逊出版《英属美洲权利概述》一书，正式宣布北美人民拥有自己的独立权力，英国无权为北美人立法。该书出版后，立刻引起轰动，杰斐逊关于美洲权利的思想传遍北美大陆，他也由此成为整个北美独立运动的领袖人物。

1775 年，争取解放的北美人民在费城举行第二届大陆会议，会议决定由杰斐逊等五人起草《独立宣言》。由于杰斐逊擅长法律，而且熟悉政府制度，所以他在《独立宣言》的起草中起了核心作用。

起草《独立宣言》之后，杰斐逊回到弗吉尼亚，被选为弗吉尼亚州长。由于他在任期间弗吉尼亚被英军攻占过，所以他解甲归田，等待东山再起。1783 年，杰斐逊担任国会议员，并提出取消奴隶制的一些措施和建议，但未能全部实现。1989 年，由于杰斐逊在国内和国外的影响，华盛顿总统任命他为美国第一任国务卿。

1797 年，亚当斯任总统，杰斐逊则当选为副总统。1801 年，杰斐逊当选为美国第三任总统，当时，美国所有城镇都自发地庆祝他的当选。

当政之初，杰斐逊宣布取消直接税、开源节流，并发行国债、裁减军队，使国家财政迅速好转，从而赢得国内人民的广泛支持和爱戴。

当时，英法关系非常紧张，战争不可避免。杰斐逊敏锐地意识到，他可以利用英法矛盾来收购法国在北美的殖民地路易斯安那。路易斯安那面积很大，但法国由于与英国交恶，无力保护这块殖民地，又不愿意让它落入英国手中。于是杰斐逊与当时的法国皇帝拿破仑三世协商，以极低的价格购买了这块幅员广大、资源丰富的土地。购买路易斯安那是杰斐逊总统任期内最大的政绩。

1808 年，杰斐逊第二任总统任期届满后离开白宫，回到了自己的庄园蒙塞蒂谷。

离职后的杰斐逊受到世界各地人民的敬仰，欧美许多人士经常去拜见他。杰斐逊则投身于教育事业，并利用自己的影响建立了弗吉尼亚大学，还亲手设计了这所大学的主要建筑。

1826 年 7 月 4 日，83 岁的杰斐逊因病逝世，这一天正好是《独立宣言》发表 50 周年的纪念日。

【解读】

托马斯·杰斐逊一生最伟大的功绩，就是替美国人民起草了《独立宣言》，此宣言也成为了美国最重要的立国文书之一。

《独立宣言》代表了广大殖民地人民的心声。它在人类历史上第一次以政治纲领的形式提出了“人人生而平等、人具有不可剥夺的生命、自由和追求幸福的权利”这一深刻的主题。后来，“自由、平等、民主”成为以后美国的意识形态，为美国此后 200 多年的发展奠定了思想基础。

废君主建共和

【名言】

生存意味着抗争与战斗，只有在斗争中成功，生存才成为可能。

——凯末尔

【故事】

凯末尔在 12 岁时就进入了军事预备学校，18 岁时进入伊斯坦布尔军事学院学习。毕业后他曾在总参谋部任职，后任第三军团参谋长，并加入青年土耳其党。

第一次世界大战爆发后，土耳其加入了德国一方的同盟国，向英法一方的协约国宣战。凯末尔虽然竭力反对土耳其参战，但是作为军人他还是走上战场，并在 1916 年晋升为少将。1918 年，土耳其向协约国投降，其领土被战胜国的军队分割占领。就在国家处于生死存亡的危急关头，凯末尔毅然辞去军职，竖起了民族独立的大旗。1920 年，土耳其苏丹政府召开帝国会议，在凯末尔等人的努力下，通过了《国民公约》，确立了保护国家领土完整和民族独立的基本纲领。革命派的斗争引起了帝国主义国家的不满，这年 3 月，协约国军队开到了伊斯坦布尔，开始了对革命派的打击，而土耳其的军事法庭也缺席判处凯末尔等人死刑。

面对严峻的国内外形势，凯末尔果断地在安卡拉召开新议会，成立了临时政府，凯末尔任临时总统。同时，他建立国民军，并任总司令。

1920年8月，协约国强迫土耳其签订了不平等的《色佛尔条约》。根据该条约，土耳其的所有领土都被帝国主义国家分割占领，而且它的军事和财政也要受英、法、意三国委员会的监督。凯末尔领导的临时政府拒不承认这一条约。1920年，希腊国王纠集10万大军迅速向土耳其内地推进，凯末尔动员全国的一切力量，又争取到了苏联的支持和援助，运用机智灵活的战术，终于在1922年赢得了战争的胜利。战争的胜利迫使帝国主义国家放弃了瓜分土耳其的企图，1922年，有英、法、美、希等国参加的洛桑和平会议召开，并在1923年签订了《洛桑和约》。和约确定了土耳其的领土范围——几乎包括了今天整个土耳其共和国的领土，并废除了原来强加在土耳其身上的不平等条款。这样，在凯末尔的领导下，土耳其成为第一次世界大战战败国中唯一的靠自己的力量恢复了主权的国家。

1923年，土耳其国民议会正式宣布废除君主制，建立共和国，并选举凯末尔为第一任总统。凯末尔施行了一系列旨在促进土耳其现代化的措施，如实行政教分离，普及教育，改良司法，振兴实业等等，使土耳其迅速地焕发出了勃勃生机。

【解读】

阿塔土耳克是土耳其的大国民议会为了表彰凯末尔的不朽功勋而特意授予他的姓，是“土耳其国父”的意思。

在各国历史上，把本国的杰出革命领袖推崇为国父的并不少见，而能把国父当作自己的姓的政治家，恐怕也就只有凯末尔了。

自由的火焰不能熄灭

【名言】

我是戴高乐将军，我现在在伦敦，我向目前在英国土地上和将来可能到英国土地上的持有武器或没持有武器的法国士兵发出号召，我向目前在英国土地上和将来可能来到英国土地的军火工厂的一切工程师和技术工人发出号召，请你们和我取得联系。无论发生什么事，法国抵抗的火焰不能熄灭，也绝不会熄灭。

——戴高乐

【故事】

戴高乐的父亲曾经参加过普法战争，具有强烈的民族主义感情，这深深地感染了戴高乐。1909 年，戴高乐考入法国著名的圣西尔军事学校，开始了自己的军人生涯。1912 年毕业后，戴高乐来到贝当的团里任少尉，并在次年晋升为中尉。1914 年 8 月，第一次世界大战爆发，戴高乐也随团参战。战争期间 3 次负伤，在 1916 年被德军俘虏，直到一战结束后才获得自由。

回到法国后，戴高乐曾在圣西尔学校担任过军事史教师，当过贝当元帅的幕僚，还写过《剑刃》、《建立职业军人》等军事理论书籍。1921 年，他同旺德鲁结婚。1939 年 9 月第二次世界大战爆发后，戴高乐任法国第五军的装甲司令。德军入侵法国后，他指挥第四装甲师奋力抵抗，但没能挽回败局。1940 年 6 月 17 日，贝当元帅下令法军停止抵抗，宣布投降。但是在第二天，法国人民从收音机里听到了另外一种声音：“我是戴高乐将军，我现在在伦敦……无论发生什么事，法国抵抗的火焰不能熄灭，也绝不会熄灭。”戴高乐迅速成为了处在屈辱、痛苦中的法兰西民族的希望。

戴高乐在伦敦组织“自由法国”运动，并积极筹建武装部队。1943 年，在罗斯福与丘吉尔的安排下，戴高乐与另一支抵抗力量的首领吉罗将军共同组成了法兰西民族解放委员会。次年，成立了以戴高乐为首的法兰西共和国临时政府。1944 年 8 月 24 日，戴高乐随盟军进入巴黎。戴高乐随即改组了临时政府，把军权、政权掌握在自己手中。但是，由于法国各派矛盾的激化导致了政府危机的出现，戴高乐在 1946 年年初宣布辞职。后来，他写了《战争回忆录》一书。1958 年，法兰西第四共和国陷入危机，戴高乐重新出山，当选为总统，成立了法兰西第五共和国。戴高乐在法国总统任内，致力于恢复法国的大国地位。他敢于同超级大国美国进行针锋相对的斗争，坚持发展法国的独立核力量，拒绝美国的“多边核力量计划”；他主张欧洲的联合，提出“欧洲是欧洲人的欧洲”的口号，而法国也成为第一个退出北大西洋公约组织的欧洲国家；他重视中华人民共和国的国际地位，不顾美国的反对，在 1964 年同中国建立了外交关系。

【解读】

为法国人民的自由而战的伟大领袖——戴高乐，在历史上画上了浓墨重彩的一笔，他敢于对美国的强权政治说“不”，和超级大国针锋相对，敢为维护和发展法国自己的核力量，为法国人民在世界上赢得了一个相对自由、稳定的国际环境。

为自由梦想飞翔

【名言】

我相信飞行是可能的。

只有鹦鹉才喋喋不休，但它永远也飞不高。创造——这就是人类精神最高表现，是欢乐和幸福的源泉

——莱特兄弟

【故事】

在莱特兄弟小的时候，由于他们的祖父是车轮制造商，所以在制造方面更能引起他们的兴趣。有一天他们的爸爸给买了一个人造飞螺旋，这时莱特兄弟首次见到人工制造可以飞行的东西，他们对这个飞螺旋十分感兴趣，这也是他们为什么要参与制造动力飞机的一个原因。

刚开始的时候他们就观察鸟在空中飞行的原理，然后用画笔参照自己的理解把鸟飞行的过程画下来，然后开始制造人工滑翔机。1900 年 10 月，莱特兄弟终于制造出了他们第一架滑翔机，并把它带到海边进行试飞。由于这里地方开阔，风力很大，很适合进行滑翔机的试飞。但是开始的时候滑翔机飞翔的高度才 1 米左右，可以说是失败的。第二年，莱特兄弟在以前滑翔机的基础上又进行了改进，这次还是在海边进行试飞，通过试飞和测量飞行高度在 200 米左右，这让莱特兄弟俩着实高兴了一把。但他们并不仅仅局限于滑翔机，因为那时的滑翔机在空中飞行不了多长时间，并且飞行距离也非常的短，这就要求人们在动力方

面进行思考，莱特兄弟把飞机的动力锁定到柴油机上面。

他们最初始的想法就是在滑翔机上面安装一台柴油机，但是他们经过测量发现滑翔机最大的承受重力是92千克，但是柴油机最小的重量也在200千克。这让莱特兄弟很头痛。幸好当时的一位工程师十分支持他们，便制造了一台大约80千克的柴油机，但是有了柴油机，具体的飞机构架以及柴油机怎么把动力输出都是问题，最后经过反复的试验，他们决定在机顶上安装螺旋桨，用柴油机带动螺旋桨为飞机提供动力支持。但是在实验的时候不能每次都到大海边来实验，最后他们模拟户外环境，发明了一个风速在12米/秒的风洞，风洞的发明是航天史上的重大突破，是后世进行航天实验不可或缺的实验条件。1903年9月，莱特兄弟带着装有发动机的飞机来到海边试飞，但就是飞不起来。此后经过多次的实验试飞，效果都不理想。

在当时美国政府非常重视飞机的发明，便让一位名叫兰莱的发明家进行飞机制造的工作，但是在一次试飞的时候飞机失事，以飞机坠入大海失败而告终。莱特兄弟听说后，到兰莱那里走了一趟，没想到学到了很多以前没有在试飞时遇到的知识，同时他们知道了更多制造飞机的细节。

1903年，莱特兄弟带着改造好的飞机又来到海边，开始的时候他们在地面架起两根铁轨并让铁轨形成一定的坡度，然后威尔伯像探纵滑翔机那样打开发动机，让飞机边转动螺旋桨边向前滑行，但是飞机刚离开地面不到2米左右就一头栽了下来，幸好飞机和人都没有问题。两人开始检查飞机，可是螺旋桨以及柴油机还有操作都没有问题，那么飞机为什么飞不起来呢？最后还是奥维尔认为飞机不能在斜坡上进行飞行，要在平行的轨道上滑行，让飞机依靠螺旋桨转动力量让飞机飞起来，而不是在斜坡上面滑下来，因为这时候的飞机还没有获得足够的动力使螺旋桨飞起来。

莱特兄弟用了几天的时间，找到了一处宽阔的平地，把铁轨架好，12 月 17 日又一次开始了实验飞行。开始的时候飞机升高了将近 4 米，然后开始向前平行飞行，大概有 20 米的时候飞机安全降落，但是高度没有变化。兄弟俩十分兴奋，因为以前的实验要么是飞机起不来，要么是向前不飞行，但是这次却有了突破性进展。过了一会儿，兄弟俩决定再进行一次飞行，而效果却是出奇地好，高度为 80 米左右还可以长久飞行。这下让两人吃了一颗定心丸，在第三次飞行的时候高度竟然达到了 259.75 米，已经远远超过了两人的预计估算，飞行时间为 59 秒。莱特兄弟跑到报社说，自己已经制造出了飞机，并且高度在 200 多米，但是报社的编辑根本就不相信，因此当时还没有多少人知道莱特兄弟的飞机已经制造成功。

不久，莱特兄弟把注意力放在发动机的身上。经过实验两人认为把大型发动机装在机身上面至少可以乘坐两人。在造出来之后，两人决定进行试飞，在城市上空飞行了 1 个多小时。当时的市民看见城市上面有人驾驶着鸟一样的东西在飞，顿时议论纷纷。当两人让飞机降落到地上的时候，众人顿时围了上来，大家开始宣传这一消息。

1906 年美国的《先驱论坛报》刊登了一篇文章，题目为《飞行者还是撒谎者?》1908 年莱特兄弟在妹妹凯瑟琳·莱特的帮助下把一架飞机带到法国，并在空中进行了飞行表演，顿时整个城市都轰动了。他们在美国也举行了类似的飞行表演，也获得了巨大的成功。美国政府对此非常关注，决定在莱特兄弟的公司订购一批飞机用于国防事业。虽然俩人因为飞机制造的一些专利与一些人打官司，但法庭把专利判给莱特兄弟。不幸的是 1908 年奥维尔·莱特在飞行表演的时候发生了“空难”，导致海军上尉塞尔弗里奇死亡，奥维尔失去一条腿。尽管如此，他们的公司在妹妹凯瑟琳·莱特的帮助下事业蒸蒸日上。1912 年威尔伯因病去世，而弟弟奥维尔因哥哥的逝世伤心不已，因为他们都已成了老年人，都没有结婚，两人相互地依赖着。1948 年，奥维尔在凯瑟琳·莱特去世的同一年也离开了人世。

【解读】

几百年来，人们梦想能飞上天空。但实际上，他们认为阿拉丁所乘坐的“飞毯”只是一个不可能在现实世界中存在的梦想。但莱特兄弟的天才创造，把人类过去的梦想从神话变成了现实。

为争取自由抗日

【名言】

自由从来未被武力征服过。

——詹·汤姆逊

【故事】

1934 年 9 月下旬，赵一曼领导地方农民武装到离根据地不远的五常县背荫河附近活动。日寇在这里设有一个秘密的用活人作实验的细菌工厂。当时正好有十几个浑身浮肿，面无血色的人从敌人的魔掌中逃了出来。当敌军正在追赶时，赵一曼率队冲了上去，向敌人打了一阵枪。之后，把这些受尽日寇摧残的十几个人背扶回后方医院。在后方医院里，赵一曼天天给他们端饭喂药，了解情况。待他们康复后，召开了群众大会，控诉日寇用活人作细菌试验，血腥屠杀中国人的罪行。这件事对根据地群众教育很大，激起根据地群众对日寇的无比愤慨。在反日斗争中，赵一曼机智、勇敢。当时，农民武装缺少枪支，地下工作人员在县城里得到一批枪支弹药，但城门把守严密，运送不出来。这时，赵一曼想出办法，她与一名女战士将枪支弹药用油纸包裹好，装在一辆马拉的大粪车里，由车老板向城门赶去。守卫城门的日伪军一看是拉粪的大车，嫌臭，连忙挥手让快走。就这样，一批武器从县城里运了出来。事后，大家都佩服赵一曼的机智、勇敢。

1934 年 12 月，大批日伪军对珠河抗日游击根据地开展冬季“讨伐”。由于叛徒吴某告密，敌人着重搜索我后方医院所在地四方顶子和苇塘沟一带。当时，赵一曼脖子上长个疮，住在后方医院，不幸被敌人捕去。在拘押期间，赵一曼有效地对伪军连长进行抗日宣传，她说：“你做事要想着你是中国人，在战场上我们兵戎相见，但你不能杀害手无寸铁的中国同胞。你杀我可以，但我绝不死在日本人手里。”伪军连长听罢其大义凛然的话语，深受感动，启发了他的民族觉悟，最后将赵一曼释放。

【解读】

赵一曼用行动践行了对自由的渴望。“理想信念是一个思想认识问题，更是一个实践问题”。赵一曼少年就具有强烈的社会使命感，立下了救国救民的远大志向。面对白色恐怖，赵一曼以非凡的胆识和勇气，毅然加入了中国共产党。在中华民族遭到劫难之际，赵一曼义无反顾走上抗日最前线。正是胸怀共产主义远大理想，对党的事业无限忠诚，牢固树立坚定正确的理想信念，赵一曼在艰苦卓绝的抗战中，克服常人难以想象的困难，率领部队沉重地打击了日本侵略者。

为自由追随革命

【名言】

只有自由的灵魂才能永葆青春。

——让·保·里克特

【故事】

谢荣策出生在辽中县茨榆坨镇茨榆坨村一个贫苦农民的家庭，小时候因生活所迫，9 岁就给地主放猪、放牛，受尽了地主老财的百般虐待，使谢荣策幼小的心灵萌发了反抗压迫的信念和力量。

1947 年冬，解放军主力部队开进了茨榆坨村，谢荣策在小伙伴们的推选下当上了村儿童团团长。

1948 年春天，驻辽中一带的我人民解放军，根据党中央和毛主席的战略部署，陆续开往前线。龟缩在沈阳城里的国民党军队，妄图打通沈辽要道，命令一个骑兵团，乘机对辽中东部四方台、茨榆坨一带进行骚扰。在这严峻时刻，刚满 16 岁的谢荣策经过斗争的锻炼，更加成熟起来。他不顾疲劳，日夜坚守战斗岗位，同敌人进行英勇斗争。

一天，谢荣策和武装队长肖洪义正在农会屋里擦枪，突然听到远处传来阵阵枪声。不一会儿，有人向农会报告说，从沈阳城窜出来的那股骑兵已经到了四方台，正沿着公路向茨榆坨村扑来。谢荣策和肖洪义不顾个人安危，掩护农会干部、土改积极分子和儿童团员安全撤出农会后，俩人才分头走出。与谢荣策同时离开农会大院的还有他的叔伯哥哥谢荣环，哥俩直奔谢家坟走去。当走到村西一座小土岗时，被国民党骑兵发现，敌人追上后，枪口对准他们凶狠地叫嚷：“你们是不是儿童团？快说！不说实话就崩了你们！”谢荣策不慌不忙地说：“我们是学生。”一个国民党骑兵不耐烦地说：“学生？管他妈干什么的，带走。”于是，荣策和荣环被敌人捆绑着拴在马缰上，带到村子里。

地主宋四环听说国民党军队进村的消息后，穿上长袍，得意洋洋地走出了家门。当他看见荣策被匪军捆绑着时，幸灾乐祸地走了过去，提高嗓门对院子里的匪兵说：“唉呀？这不是我们茨榆坨村大名鼎鼎的儿童团团长谢荣策吗？”宋四环的一句话，惊动了那些正在院子里、屋子里抢东西的匪兵，一个个像恶狼似的向荣策扑来。一个敌军官疯狂地叫嚷：“把这小子带进来，给我打！”几个匪兵把荣策推进屋，抽一阵皮鞭。荣策怒不可遏，咬牙切齿地大骂敌人。当天下午，这伙骑兵押着荣策回到团部驻地四方台村。

国民党骑兵团团长尚其悦以为荣策年纪小，只要稍用严刑就可以从荣策口中得到我军情报，酷刑一招接一招，“你们的部队上哪去了？你们那帮穷人头子都跑到哪去了？”敌副官恶狠狠地追问。荣策瞪着愤怒的眼睛：“不知道！不知道！”敌人咆哮着：“来人，夹他手指头！”敌人用竹筷子狠狠地夹住荣策的十指，荣策用尽全力反抗着。一会儿工夫，荣策的脸变得苍白，但他还是咬紧牙关，宁死不屈。敌副官一遍又一遍吼叫：“谢荣策，你到底是说还是不说？”“不知道，就是不知道！”接着又是一阵皮鞭落在荣策身上。残暴的国民党骑兵团团长见荣策不怯硬，便要起软招。当天晚上，狡诈的副官假惺惺地装出一副笑脸，拍着荣策的肩膀说：“受苦了吧？小小的年纪应该放聪明点，干嘛要跟共产党跑呢？”荣策理直气壮地大声说：“是共产党救了我，我就要永远跟着共产党，死也不向你们投降。”

3 月 12 日早晨，敌副官假惺惺地要请荣策吃饭，被荣策严词拒绝了。但敌人没有死心，晚上，他们把荣策带到团部，荣策虽遍体鳞伤、疼痛难忍，但他仍坚强地挺着腰板走。一进屋，那个副官假献殷勤，对荣策说："请坐！请坐！"荣策理也不理，怒目环视四周。国民党骑兵团团长尚其悦来到荣策面前，哈哈大笑说，"好啊，你这个小孩长得确实不错啊，这样吧，我看你年纪小，又聪明能干，以后就给我当个勤务兵吧。"荣策满腔怒火，他猛地闯到尚其悦跟前说："呸！我是共产党儿童团团长，死也不给国民党干事。你这个团长当不多久了！等我们大部队回来抓到你，我还要审讯你呢！"尚其悦的脸刷地变了，凶相毕露地尖叫着："好厉害的小兔崽子！你不想活了吗？"荣策正言厉色地回答："为什么不想活？是你们不让我活！"尚其悦气急败坏，歇斯底里地对士兵下令道："把这个穷人头拉出去，枪毙！"

3月13日早晨，荣策见到了荣环哥说："我不回去了，你回去告诉我妈妈，不要难过，革命总会胜利的。"

敌人无计可施，凶残地下了毒手，罪恶的子弹打响了，年仅16岁的谢荣策为人民的解放事业流尽了最后一滴血。

【解读】

年仅16岁就为追随自由追随革命而英勇牺牲了，他才是真正的自由的革命战士！革命是光荣的，吸引着无数劳苦大众为之努力，革命就是一面自由的幡旗。

宁死不从敌命

【名言】

谁也不能剥夺我们自由的意志。

——爱比克泰德

【故事】

一天，日本特务机关找北平梨园公益会，要该会出面组织京剧界捐献飞机的义演。著名表演艺术家程砚秋（京剧演员，1904—1958 年）当即拒绝，说：“我不能给日本人唱义务戏，叫他们买飞机去炸中国人。”

“程先生，日本人惹不得呀。”公益会的人很害怕，他们用关心的口气劝道：“以程先生在戏曲界的地位，如果坚决不答应，同仁受影响是小事，恐怕于您自己更不利呀！”

“我一人做事一人当，决不能让大家受连累。”程砚秋气愤地喊起来，然而想到公益会的人也是为自己好，再说日本帝国主义也确实凶残，他们屠杀中国人象割小草般的不当一回事，如果因自己拒绝而影响别人，也实在不好。于是他的语气缓和了，说：“献机义演的事，我程某人宁死在枪下也决不从命，请转告日本人，不要找梨园同业的麻烦，有什么让他们直接找我说话就行了。”

公益会的人看见程先生大义凛然，独承灾祸，也无言以对。由于程砚秋宁死不从敌命，献机义演的事只好吹了。

【解读】

这就是自由气节的最高表现，一个中国艺术大师用他自己独特的方式诠释了自由的真正含义。

伏契克拒绝引诱

【名言】

自由的第一个意义就是担负自己的责任。

——阿　来

【故事】

1938 年春天，希特勒匪军侵入捷克，布拉格街头，魔影蹁跹，警车嗥叫，白色恐怖笼罩着整个城市。

伏契克（捷克民族英雄，1903—1943 年）和他的战友一起四处活动，反对纳粹侵略者的大规模的逮捕和残酷迫害。希特勒匪徒扬言要逮捕伏契克，伏契克淡然地一笑，说："为了祖国，为了人民，我什么也不怕。"

不久，纳粹分子办起了《塞斯基·德尔尼克》报，他们知道伏契克能写一手好文章，便企图拉拢他。一天，纳粹分子找到伏契克，说："你是一个有为的青年，我们德国人很看重你的才能，请您当我们报纸文艺版的主编吧！"

伏契克没有吭声，脸上浮着冷笑。"只要您同我们合作，我们决不会亏待您，"纳粹分子继续劝道："您不是爱写文章吗？您当了主编，就有了发表的阵地啦。"

"我愿写的你们不登，你们要登的我不写。"伏契克毅然地拒绝了侵略者的引诱。

后来，伏契克的家被查抄了，但他事先已隐蔽到乡间去了。从此，他走上了保卫祖国、反对侵略的另一个战场。

【解读】

多么执著的自由思想，多么正义的自由立场！伏契克在文章中还写道："我们为欢乐而生，为欢乐而战斗，我们也为欢乐而死。因此，永远不能让悲哀同我们的名字联系在一起。"表现了一个共产党人视死如归的大无畏精神。

"住到农民中间去"

【名言】

一切最文明的东西所具有的价值，自由都具备。

——贾尔斯

【故事】

一天黄昏，在巴黎街头，有一个穷愁潦倒的青年人，无精打彩地走着。他走过一个明亮的陈列橱窗，忽然听到了两个青年站在那里说话的声音。这两个青年一面看着陈列在橱窗里的用彩色粉笔画的少女裸体画像，一面谈论着：

"这幅画糟透了，简直令人厌恶。"一个说。

"是啊，米勒画的嘛。他是个除了裸体女人，什么也画不出来的人！"另一个回答。

那个过路的青年听了这段活，顿时感到头晕目眩。他就是约翰·法朗索阿·米勒（法国画家，1814—1875 年）。

米勒回到家里，脸色苍白，心情激动。他对妻子说："我决定今后不再画裸体画了，即使生活将会变得更苦，又有什么办法呢！"他过了一会儿，镇静地说："我已经厌恶巴黎，我想回到农村去，住到农民中间去。"

当时的巴黎，有一种怪现象：画女人裸体画还可以换几个钱去买面包，可是那些认真创作出来的绘画，却一幅也卖不出去。谁要想成为真正的艺术家，就意味着去做讨饭的穷光蛋。

可是，米勒选择了这条饥寒交迫的道路。他离开巴黎，移居到巴比松去了。他在那里定居下来，画了许多表现农民劳动和日常生活的画，终于成了 19 世纪写实主义画家的代表。

【解读】

米勒拿起笔描绘巴比松的大自然和劳动的农民。执着质朴的笔法，不事雕琢的风格使他很快出了名。米勒始终把艺术看作是现实的反映，他辛勤地甚至是惶恐地工作，尽他之所能说出所见和所感。在他的笔下，一切被古典主义、浪漫主义美化或渲染了的，变得似乎失却了平衡，那种附会的造型和色彩艺术成为苍白的浮影。

由于米勒出身于农家，他比其他的画家更能体会农民的辛劳和苦衷。当然，米勒的画没有直接抒写农民大众悲苦的命运，而是采撷了平凡庸碌生活的匆匆一瞬，含蓄地表达着相承已久的同情。是自由的选择，让米勒闪耀着艺术自由的光辉。

“我要写”

【名言】

独立精神和自由意志是必须争的，且须以生死力争。

——陈寅恪

【故事】

1850年，美国国会通过了镇压“黑奴”的所谓《逃奴法案》。此后不久，哈丽哀特·比彻·斯陀（美国女作家，1811—1896年）收到了一封信。信是住在波士顿的弟媳爱德华·比彻夫人寄来的。

“哈蒂，”信上写道，“要是我能像你那样动笔写文章的话，我一定要写点东西，使全国都认识奴隶制度是一桩多么可诅咒的事情。”

斯陀夫人把这封信念给她的孩子们听。念完之后，她把信捏成一团，站起身来，平静地说：“我要写！只要我活着，我一定要写！”

那时，斯陀夫人已经三十九岁了，受着疾病和穷困的折磨。她丈夫卡尔文·斯陀虽在大学教书，可家里有三个孩子，负担很重；家务完全由她负责，既要做菜烧饭，又要给最小的孩子喂奶，有时还得给报纸写点短文换点稿费来补贴家用，真是忙得不可开交。

斯陀夫人咬着牙坚持写作，决心实现自己的志愿。从1851年6月开始，她在《国民时代》上连续发表小说《汤姆叔叔的小屋》。这部书一出版，立刻受到了广泛欢迎。当时的美国总统林肯祝贺她说：“原来你就是写了引起这场伟大战争的那本书的小妇人啊！”

这场伟大的战争，就是美国国内为解放奴隶而爆发的南北战争。斯陀夫人为反对奴隶制作出了杰出的贡献。

【解读】

小妇人却是自由的倡导者与使者！小妇人写大书实乃对主人公深刻而崇高的评价。

“在艺术的牢狱里过你的一生！”

【名言】

天才唯有在自由的环境里才能自在地呼吸。

——约翰·穆勒

【故事】

司徒乔（中国画家，1902—1958 年）面临大学毕业了，美籍校长司徒雷登要他当教会牧师，这是一个薪金虽然不丰厚但生活却十分稳定的差使。父母指望他找一份能帮助担负六个弟妹生活的职业，他自己的心愿是要当个终身画家，可是这个抉择要以贫穷、失业为代价！

怎么办？司徒乔思忖了许久。他想：经济是构成自己憧憬的幸福的最起码条件，但是自己从小热爱绘画，期望拿着画笔来参加变革人民生活，挽救国家命运的斗争，这个心愿一定要付诸实践。他毅然选择了一条艰苦的道路。这时他按捺不住内心的激动，拿起笔来画了一张半边是笑脸半边是哭脸的自画像，在上面题道：“含泪画下去啊，蠢人！在艺术的牢狱里过你的一生！”

他的选择很快传开了。一个苦劝他无果的同学，用半是惋惜、半是警告的口吻在他的毕业纪念册上写道：“阿乔，祝你到处碰钉子，碰到无路可走为止；到了无路可走时，回到北京来过穷日子！”司徒乔没有动摇。毕业后他拿着画箱和铺盖，搬进了贫民窟里，开始了他的绘画生活。

【解读】

他是中国优秀的画家，他同情人民疾苦，用艺术表达对人民的同情，对国家命运的担忧，他选择了心灵上的艺术自由之路，用艺术表达他对自由的渴望。

绝食换自由

【名言】

正义和自由互为表里，一旦分割，两者都会失去。

——富尔克

【故事】

1934 年4 月23 日，绥远高等法院开庭宣布判处王若飞十五年徒刑。宣判后，王若飞立即在自己的帽子上，用红线绣了个“出”字。有些难友问他“出”是什么意思？他笑着说：“出”就是表示快出牢房了！敌人判我十五年徒刑，我就熬他十五年，反正我要出去。老实说：我肯定坐不了十五年，因为中国革命用不了十五年定会成功。为了革命事业，我必须活着出去。

1936 年春，山西抗日救亡运动有了发展，亟需用人，张慕陶向阎锡山献殷勤说：归绥狱中关押了个王若飞，是个大共产党，此人过去在党内受过“打击”，如能争取过来，定有大用场。当时，阎锡山是太原绥靖行营主任，绥远受阎锡山管辖。阎听到消息后，立即通知绥远政府把王若飞解送山西。1936 年 7 月，王若飞被解到太原陆军监狱。

来到太原监狱，王若飞立即投入了新的斗争。一天开饭时，从一锅稀粥中捞出了两只煮烂的老鼠，所有“政治犯”和“普通犯”都气得两眼冒火。王若飞向难友们说：“我们都是活着的人，都应享受人的权利。我们不是猪，为什么吃的饭比猪还不如。”全体难友一致向监狱当局提出抗议，要求改善伙食。监狱当局不但不答应，反而指斥犯人说：你们是“犯人”，吃坏饭，罪有应得，谁叫你们“犯罪”？全体“犯人”情绪激昂，“政治犯”们主张马上发动绝食斗争。

王若飞向要求开展绝食斗争的难友说：“绝食斗争是狱中合法斗争的最高形式，必须作充分的思想准备，一定要团结一致，不论出现什么情况绝不动摇，坚持到底，才能胜利；要严防敌人钻空子，寻机破坏。”他还与乔明甫等商量确定了绝食斗争三项要求：（一）改善伙食；（二）去掉脚镣；（三）阅读书报。

“政治犯”根据王若飞的意见，秘密地成立了绝食斗争领导委员会，负责研究敌情，部署落实任务，出面和敌人进行说理斗争。领导委员会下设纠察、宣传、互助三个小组。纠察组负责侦察敌人的破坏活动，检查督促自己的行动；宣传组负责揭露监狱的黑幕，联系“普通犯”和争取狱卒的同情与支持；互助组负责防止参加绝食的同志发病，对有病的进行急救和护理等工作。在王若飞的周密安排和指导下，各种准备工作均已就绪，于 1936 年农历八月初十晨，全体“政治犯”开始了绝食斗争。

狱卒打开各牢房铁锁大门，催促“政治犯”吃饭。大家都躺在炕上，一动也不动。典狱长王秉麟跑到狱房，声嘶力竭地吆喝：“赶快吃饭，不吃饭都是违法！”开始没有人理他。他从这个号喊到那个号，惹怒了政治犯，一齐质问他：“什么叫违法？求生不得，求死也不行吗！请问典狱长大人，饿肚子不吃饭犯了什么法？”“你们简直是造反，简直是造反！”“不吃饭怎么叫造反！”王秉麟见势不妙走了。

绝食斗争进行到第五天时，监狱当局怕“普通犯”也参加绝食，局势更难收拾。不得已，答应了“政治犯”们提出的要求，绝食斗争取得了完全的胜利。

经过党的北方局和中共山西省委的多方营救，王若飞于1937年5月被无条件释放，回到了延安。

【解读】

王若飞用正义的气概和斗争的智慧与执著赢得了自由！

一首《囚歌》彰自由

【名言】

要自由，才能得幸福；要勇敢，才能有自由。

——修昔底德

【故事】

1941年皖南事变，叶挺被捕后，最初关押在上饶集中营。顾祝同奉蒋介石之命，劝诱叶挺投降，说："你不是共产党员，何苦代人家受苦？不如拉靠中央（指蒋介石），不但可以不死，而且有官做。"叶挺鄙夷地说："新四军是人民抗日军队，共产党是人民抗日党派，我是新四军军长，我始终负责到底，要打要杀由你们，要我屈服，不可能。"又说："我是军长，一切由我负责。如果蒋介石真是为了什么军令与法纪，我要求公开军法审判，我将把事实的真相宣告于全国人民。我的下级无罪，因为他们是服从我的指挥。我要求把被俘的下级干部立即释放。"

顾祝同碰了"钉子"仍不死心，再次"宴请"叶挺，说只要肯说一句皖南事变是共产党挑起的，就可委任他第三战区副司令长官，进行"合作抗日"。叶挺听后勃然大怒，拍着桌子痛斥道："请你把这一套收起来吧。今日是国家危急存亡之秋，我叶挺一向力主抗日，别无他念。可是你们却反复无常，不顾国共合作一致抗日的诺言，悍然发动这次事变，陷害新四军。'合作抗日'四个字，亏你说得出口！"最后，他斩钉截铁地说："叶挺头可断，血可流，志不可屈！"

敌人在上饶策反不成，蒋介石下令将叶挺秘密押解到桂林，关进阴森潮湿的七星岩洞穴，交给军统特务看管，企图以生活上的虐待和精神上的恐吓，毁坏他的身体，消磨他的意志。在这一切都失败之后，敌人又把他解往重庆。临上飞机之前，军统特务给叶挺送来了一套将军服，说委任他为"高参"，让他穿上。谁知飞机到重庆降落后，从机舱里走出来的，却仍然是穿着破旧不堪的新四军军服的叶挺。这使在场的一批国民党高级将领十分尴尬。

在重庆，陈诚几次来劝降，都遭到叶挺的拒绝。他表示，除了恢复新四军，由他继续担任军长，同时惩办围攻新四军的首恶外，其他任何工作都不做。他还一再责问陈诚：你们为什么要袭击正在对日作战的新四军？抗日有什么罪？为什么把我囚禁起来？对于叶挺的质问，陈诚哑然无语，不敢作答。

万般无奈，蒋介石不得不出马来劝降。但叶挺却用同样的话语把他顶了回去。

军统特务头子戴笠问叶挺："你出狱后的第一件事是做什么？"叶挺毫不犹豫地回答："我若能出去，第一件事就是要求恢复我共产党员的资格！"戴笠听了叶挺的回答，惊恐地哀叹道："共产党人的可怕，就在这些地方！"

在重庆"中美合作所"的囚室里，叶挺写下了著名的《囚歌》：

"为人进出的门紧锁着，
为狗爬出的洞敞开着，
一个声音高叫着：
——爬出来吧，给你自由！
我渴望自由，
但我深深地知道，
人的身躯怎能从狗洞子里爬出！
我希望有一天，
地下的烈火，
将我连这活棺材一齐烧掉，
我应该在烈火与热血中得到永生！"

经过我党长期坚决的斗争以及爱国民主党派、民主人士的大力声援，蒋介石不得不释放了叶挺。1946 年3 月4 日，叶挺回到了重庆中共代表团所在地。第二天，他即致电党中央毛泽东，请求重新加入中国共产党。3 月 7 日，党中央复电叶挺，批准了他的请求，并向他致以热烈的欢迎和慰问："你为中国民族解放与人民解放事业进行了二十余年的奋斗，经历了种种严重的考验，全中国都已熟知你对民族与人民的无限忠诚。"

【解读】

多么伟大的精神品质与对党的拳拳忠诚之心！一首特定环境下的“囚歌”彰显了对革命自由的无限渴望与向往！

革命到底，决不回头

【名言】

让我们维护公平，那么我们将会得到更多的自由。

——约瑟夫·儒贝尔

【故事】

从建立动委会和抗日救国会之时起，贾力更就十分重视对青少年的培养教育。在塔布赛，他曾把村里的青少年召集到一起，成立了学习小组，帮助他们学习文化和革命道理，还专程到城里给他们买来本子和笔。通过学习，这些青年知道了毛主席、朱总司令闹革命的许多故事，知道了苏联、蒙古革命的情况。在贾力更的引导下，他们立志做对革命有用的人，誓死不当亡国奴，积极参加了送信、放哨等抗日活动。

他还动员了首批22名青年，于1939年8月出发，10月下旬到达延安，全部进入陕北公学学习。

去往延安困难重重，贾力更多次护送青年通过敌占区。一次，他让青年们都化了装，有扮成走亲戚的，有装作打短工的，也有假装割草的，还规定了前进、停止、疏散的暗号，三三两两、一村倒一村地向前进发。到了准格尔旗境内，他们被那里的伪保安队关了起来，贾力更借开饭之机，机智地端起饭盆假装去打饭，脱身出来，去设法营救青年们。旅途中尽管劳累，他仍抓紧时间，不是学习，就是写总结、报告。据云北峰同志回忆，在去延安的路上，贾力更用蒙文给毛主席写了一封汇报信，让他带往延安。

路上，贾力更总是不厌其烦地对青年们作宣传鼓动工作。他说："无产阶级革命，就是要解放全人类，当前的主要任务是打倒日本帝国主义。现在蒋介石消极抗日，积极反共。我们的态度是，他要联合，就联合下去；他不联合，我们照样抗日！共产党一定能掌握中国的命运，一定能把日本鬼子赶出中国去！"鼓励青年们要为建设一个新中国而努力。在贾力更的启发、鼓舞下，大家都暗暗下了决心：要像老贾说的那样，革命到底，决不回头！

贾力更对前往延安的青年关怀备至。每当投宿以后，他不是给青年们盖好蹬开的被子，就是修补他们磨破的鞋袜，一忙就是大半夜。1939年秋，护送云清、云丽文前往准格尔旗老榆树圪卜时，贾力更雇了辆毛驴车，让两个女青年坐上，自己跟在车后步行。终于把她们送到了向往的革命圣地——延安。

从1939年到1940年春，蒙古工委把百多名蒙汉族青年分别送到延安，其中有农民、学生、士兵、长工、未婚少女和家庭主妇等。这些同志先后在陕北公学和延安民族学院学习，在党的培养教育下，迅速成长为自觉的无产阶级革命战士，奋不顾身地参加了抗日战争和解放战争，对革命做出了很大贡献。

当年经贾力更送往延安的同志以无限怀念的心情说："贾力更是我们参加革命的引路人。"

1938年冬，在我党统一战线政策的推动下，成立了绥察战地动员委员会。贾力更、奎璧等同志与八路军派出的武装工作人员密切配合，在土默特旗广大农村建立了许多动委会的区乡分会，并组织了农民、青年、妇女、儿童等救国会。

1939年秋后，国民党顽固派在内蒙古地区大搞猖狂的反共活动，根据我党抗日民族统一战线中独立自主的原则，绥远省委坚持斗争，在游击队控制的地区，把动委会逐步改变成抗日的政权，建立了地、县、区各级抗日民主政府。

为了扩大群众基础，使抗日民主政权的力量延伸到广大农村，贾力更和蒙古工委的同志们先后进行了把乡村伪政权改造成革命两面派政权的工作。他们一方面选派机智、勇敢、善于应变、斗争经验比较丰富的抗日积极分子担任村长、乡长；另一方面结合武装斗争，争取伪乡政人员，为抗日游击战争服务。

把什、古城、沙尔沁等村是游击队出入大青山的重要门户，贾力更首先在这一带开展工作。他选择把什村后的龙王庙作为联络点，经常在这里召集附近各地的乡长、村长开会，布置任务。

经过贾力更和其他同志的精心安排，把什村设置了以云光霖、王贵树、云万虎等为首的几套班子，有对付日伪的，也有对付自卫军的。分工明确，配合密切，不仅安全地掩护了我军政人员，还保护了群众，使这个村一直未受大的损失。

在改选伪乡政权的同时，贾力更还致力于做伪保甲团的工作，因而大大便利了游击队和我军政人员的活动。

1940年春，我军反顽斗争的胜利，为进一步建立抗日政权扫清了道路。当绥远各界代表在大青山西梁召开抗日团结会议，成立晋绥游击区行政公署驻绥远办事处时，贾力更被选为办事处委员兼蒙政处长。后来办事处改为绥察行政公署，贾力更继续任行署委员，兼任蒙政部长，一直到他生命的最后一息。

1940年前后，日寇对大青山根据地发动连续不断的“扫荡”，实行灭绝人性的“三光”政策。由于敌人的封锁，根据地的给养发生了严重困难。在这种情况下，贾力更勇挑重担，发动土默特旗各族人民筹集粮食、物资、武器、药品，一批批送往山中，有力地支援了根据地的反“扫荡”斗争。

贾力更多次从厚和、包头等地为根据地搞回了真空管、蓄电池、油印机、纸张、药品等物品，保证了大青山司令部的电台与上级的正常联系，伤病员也得到了及时治疗。他还想尽办法往延安和晋西北运送经费，其中主要是大烟土。有一次，他把大烟土装在罐头盒里，贴上商标，扮成货郎，巧妙地运出了察素齐。就这样，他把大批烟土先集中到大青山，然后转送到了后方根据地。贾力更还多次到察素齐、毕克齐镇动员商号供应物资，支援抗日，并由八路军派出的武工队接到山里。

由于贾力更出色地完成了解决大青山军需物资的任务，山里的指战员都亲切地称呼他为我们的“军需部长”。

党的忠诚战士民族的好儿子经过革命岁月和艰苦斗争的历练，抗日战争时期的贾力更已成为一个具有丰富斗争经验的杰出领导干部。在与日本侵略者的殊死搏斗中，他那些传奇的故事，至今还在人民群众中广泛流传着。

他的双腿快得惊人，百十里路程当天往返根本不在话下。他时而出现在厚和，时而出现在包头，神出鬼没，敌人根本摸不清他的规律。根据斗争需要，贾力更经常变换自己的装束。有时身穿黄呢军服，骑马挎刀，很像伪蒙古军的一个军官；有时则是长袍礼服，手提文明棍，一看就是个有钱的绅士；有时又是西装革履，腰下露出短枪的穗子，谁都把他当做是一个高傲的翻译官；而在进行秘密侦察时，他又挑起货郎担，摇起拨浪鼓，谁能看出他就是使敌人闻风丧胆的共产党重要干部呢！

在敌人眼里，贾力更简直是个神秘莫测的人物，听到他的名字，无不胆战心惊。日寇曾悬赏千元捉拿他。但那些铁杆汉奸虽然垂涎巨额赏金，却又无可奈何地叹息：贾力更来无影、去无踪，要抓住他，真比登天还难啊！

为了加速抗日战争的胜利，中国共产党曾决定在40年代初召开第七次全国代表大会，从1939年下半年就开始筹备工作，到了1940年春，陕甘宁边区和一些根据地选出的“七大”代表已陆续到达延安。

由于大青山根据地是游击区，所以出席“七大”的代表是由绥远省委提名决定的。1939年年底，在党委会上一致通过了大青山根据地“七大”代表人选，其中有白如冰、贾力更、张达志、于占彪等同志。会后，代表们开始了赴延安的准备工作。在连年艰苦的斗争中，贾力更一直保持着艰苦的作风，从未搞过一点儿特殊。这次，他特意做了一件青羊皮大氅，一顶狐狸皮帽子。贾力更在这两件衣帽上倾注了无限深情。他曾和勇夫同志说：“毛主席在延安日夜操劳，为国家和民族的解放事业费尽了心血，我要把这两件衣物带到延安，送给毛主席，好让他在夜间工作和外出的时候抵御风寒。”

3月下旬，姚喆和贾力更同志带着去延安的青年出发了。4月上旬，他们来到了骑兵三团的驻地黄土梁。当时，那里还有我党地下工作人员的一个临时训练班。由于事先接到通知，训练班的同志已为他们准备好饭菜。下午4时左右，贾力更和大家正在吃饭，忽听哨兵鸣枪报警，大批日寇和伪军已从三面包抄过来。一些青年因为没有战斗经验，有些慌乱。贾力更对他们说：“不要紧张，大家要服从命令听指挥，鬼子进山是盲人骑瞎马，没什么可怕的。”他的话，使大家镇定下来，都做好了转移的准备。

当他把最后几个青年安全地送过开阔地进入朝天沟之后，敌人已经逼近了。这时，他想到自己的菊花青大骟马还在桦树林中，马背上驮着带往延安的大烟土和他给毛主席的物品，那是土默川人民支援抗战的一片心意，无论如何不能落到敌人的手里。于是，他毫不犹豫地返回来，解开缰绳，飞身上马，猛加一鞭，箭一般地冲进了开阔地。就在菊花青跃上山梁的刹那间，敌人罪恶的子弹射进了贾力更的胸膛，他倒在了马背上。

当同志们把他扶下马时，只见殷红的鲜血洒到山岩上，贾力更同志昏迷过去。大家焦急地呼唤他的名字。贾力更睁开眼睛，看到同志们安然无恙地撤出了敌人的包围圈，脸上露出了欣慰的笑容，慢慢地合上了双眼。

【解读】

解放以后，土默特旗人民政府在把什村后狮子山下的一块芳草满地、视野开阔的小高地上修建了革命烈士公墓，贾力更烈士的遗体被迁葬到公墓内。每年清明节，工人、农民、战士、少先队员……络绎不绝的人群一批批前来瞻仰烈士的陵墓，缅怀先烈的不朽业绩。如果贾力更烈士地下有灵，看到革命后继有人，定然会含笑泉台，无限欣慰。

为了自由，攻坚克难我为先

【名言】

只有自由才能给易逝的生命这朵鲜花赋上光艳和芳菲。

——威·柯柏

【故事】

郭继胜是中国人民解放军著名战斗英雄。1921 年生，山东省微山县人。1944年6月参加八路军，1945年2月加入中国共产党。他作战勇敢机智，指挥灵活，多次出色完成战斗任务。

郭继胜（1921—1948年）微山县夏镇王庄人。出身贫农家庭。1940年夏，参加八路军黄河支队，后因形势恶化，回家隐蔽。1941年秋，得知黄河支队在微山湖西一带活动后，再次入伍。1942年7月，因精兵简政再次返乡。1944年6月，第三次参军，在中共领导的鲁南军区八师五团当战士。1945年2月，加入中国共产党。1945年5月，在攻打日伪据点临沂石坝子的战斗中，在多次爆破未成而炸药将要用完的紧急关头，他自告奋勇，光着膀子，抡起铡刀，一口气砍开敌人的5道铁丝网，为部队拔除据点开辟了进攻道路。战后被部队评为虎胆英雄并升任班长、排长。

1946年8月在泗县战斗中，他主动要求担负突击任务，迅速突破西北城门，并打退敌人20余次反扑，在连长、指导员身负重伤的情况下，他毅然代替指挥，经过激烈的肉搏战，巩固了突破口。此战，他率部歼敌400余人，被评为甲级战斗英雄。不久，被任命为连长。1947年4月，在泰蒙战役围歼国民党军第72师战斗中，他率全连攻打泰安城西关，20分钟突破防线，占领岱庙，打退国民党军20余次反扑。继而又乘胜追击，攻克19座碉堡，俘600余人，全连仅轻伤1人。战后，华东野战军领导机关授予他"华东战斗英雄"称号。

【解读】

郭继胜之所以能在革命战斗中攻坚克难，意志坚定，是因为他的革命信念，愿革命胜利，愿人民自由过上幸福生活。

工人阶级的先锋战士

【名言】

自由应是一个能使自己变得更好的机会。

——加　缪

【故事】

顾正红，1905年生，江苏阜宁（今属滨海）人。1921年家乡遇水灾，随母亲流落到上海，后在上海日商内外棉九厂、七厂当工人。外国资本家对中国工人政治上的压迫、经济上的榨取、肉体上的摧残、精神上的折磨，在年轻的顾正红心里留下了深深的烙印。1924年夏，顾正红参加了中国共产党在上海举办的工人夜校的学习和沪西工友俱乐部的活动，很快成为俱乐部的积极分子。

1925年2月，上海22家日商纱厂工人先后举行罢工，顾正红参加了工人纠察队和罢工鼓动队，积极投身罢工运动。就在这场斗争中，顾正红经受了锻炼与考验，并光荣地加入了中国共产党。

1925年2月间，为了反抗日本纱厂资本家对工人的残酷剥削和压迫，共产党员邓中夏和刘华受党组织的委派，在上海负责发动了一次全市性的日本纱厂工人的总罢工，罢工几经反复，斗争的焦点聚集到了顾正红所在的七厂。

七厂的资本家为了瓦解工人，把七厂的夜班停上，为了支援兄弟厂，顾正红领导夜班工人坚持上班，用力砸开了工厂的大门。内外棉七厂的日本监工川村等人接到报告杀气腾腾地赶出来，看到领头的正是他们注意了很久的工会积极活动分子——顾正红，便咬牙切齿地对准顾正红开了一枪。顾正红左腿中弹，殷红的鲜血顿时从裤子里渗了出来。

顾正红满腔怒火，忍着伤痛，怒视着川村，迈着流血的腿，一步步逼向川村。几百个工人跟着逼上前去。

“砰”又是一声枪响，敌人的子弹射进了顾正红的小腹。他身子摇晃了一下，一只手紧紧抓住旁边的一棵小树，一只手捂住伤口，用尽全力高呼：“工友们，大家团结起来，斗争到底啊！”凶恶的敌人又对他连开两枪，一个打手还用刺刀砍他的头部。顾正红倒在血泊中了。

5 月 17 日，顾正红因伤势过重，英勇牺牲了。这时他才二十岁。烈士的鲜血唤起了人民的觉醒。5 月 30 日，上海学生在租界内宣传声援工人，号召收回租界。结果英国巡捕开枪，当场死了十多人，受伤的无数，造成了“五卅”惨案。于是，震惊中外的“五卅”风暴在全国各地掀起。

【解读】

帝国主义用屠杀手段镇压上海人民的“三罢”斗争，引起全国人民的公愤。北京、广州、天津、南京、汉口、长沙、焦作、水口山等几十个大中城市和矿区，一千二百多万群众，先后起来支援上海人民的反帝斗争，形成了全国规模的反帝爱国运动。其中省港大罢工规模最大，时间最长，给英日等帝国主义以沉重打击。

北伐先锋铭刻“主义之花”

【名言】

自由一旦扎根，就会像植物一样迅速成长。

——乔·华盛顿

【故事】

曹渊，原名曹俊宽，别名曹秋萍，字溥泉，1902 年 2 月出生于寿县小甸集，1919 年春在芜湖考入半工半读的工读学校，1921 年秋考入芜湖安徽公立职业学校，被选为学生会主席，组织职校马克思主义读书会，为负责人。几年间因积极参加学生运动，带头“闹学潮”，先后被两校出资办学的人勒令退学。1923 年入上海大学旁听。1924 年春由管鹏、李雨村保荐投考黄埔军校，同年 5 月到广州，入黄埔军校第一期第三队学习。他在学校严守纪律，训练认真刻苦。在周恩来的培养领导下，同年 10 月加入中国共产党。11 月从军校毕业后，担任军校教导团学兵连党代表。

1925 年 2 月，为讨伐叛军陈炯明，曹渊所在学兵连随教导团参加了第一次东征。同年 6 月，在平定刘震寰、杨希闵的叛乱中，曹渊升任一团八连连长，与友军一起收复广州。10 月又参加第二次东征，因他屡建战功，升任国民革命军第一军第三师第九团一营营长。两次东征中，他参加了中国青年军人联合会，为骨干成员，同国民党右派分子坚决斗争。1926 年 3 月，叶挺独立团成立，党决定派曹渊任独立团一营营长。5 月，独立团作为北伐军的先遣队出师韶关，援助友军唐生智部。曹渊受命率一营押运几十万发枪炮弹药，在运输工人的大力协助下，安全运到目的地——郴州。在 7 月 10 日攻击醴陵的泗汾战斗中，曹渊率军猛打猛冲，争取主动，采取攻敌一点，威慑敌群的战术，在工农群众的支持下，攻克醴陵城。为此受到北伐前敌特派员聂荣臻的赞许："判断敌情正确，机动敏捷，指挥有方。"

在北伐军的胜利进军中，叶挺独立团像一把刺敌心脏的尖刀，攻无不克，战无不胜，屡建奇功，而曹渊率领的一营，则是独立团的先锋，先后参加平江、汀泗桥、贺胜桥等一系列战役。每到关键时刻，他身先士卒，勇于破敌，为独立团赢得"铁军"称号立下汗马功劳。9 月，北伐军围攻武昌，独立团以曹渊一营为奋勇队。由于攻城的其他部队在敌人的炮火前停止了前进，致使敌人集中力量对付奋勇队，奋勇队伤亡惨重。经过一夜的搏斗，曹渊身边只有十几位战友了，他立在一个土包下，给叶挺团长写战斗报告："天已拂晓，进城无望，职营伤亡将尽，现存十余人，但革命军人有进无退。如何处理，请指示。曹渊。"刚写完最后一个字，敌人的子弹射中了他的头部，年仅 24 岁的曹渊血洒武昌城下，为革命献出了宝贵的生命。曹渊等烈士的牺牲精神激励着独立团广大指战员。10 月 10 日，武昌城终被攻下。战后，独立团党支部决定在武昌洪山建墓，将攻城以来各次战斗中牺牲的官兵与曹渊烈士合葬。墓的前面竖立了一个碑坊，上面横额刻着"浩气长存"四个大字。

【解读】

抗日战争时期，周恩来赞扬曹渊"为谋国家之独立，人民之解放而英勇牺牲了，这是非常光荣的"。叶挺称他是"模范的革命军人，且是我最好的同志"。

“尔琢的牺牲，挽救了革命”

【名言】

自由是进步的象征。

——英格索尔

【故事】

1928年4月井冈山会师后，成立工农革命军第四军（后改称工农红军第四军），王尔琢任参谋长兼第二十八团团长。

他始终坚持“朱毛”路线，连续三次反“围剿”斗争中，由于他英勇善战，指挥有方，几次率部打入虎穴，有力地打击了敌人。6月，国民党军湖南吴尚第八军5个团，江西杨池生第九师和二十七师共5个团围攻井冈山根据地。湘敌驻茶陵后停滞观望，赣敌以杨池生为总指挥，在占领永新县城后，也不敢轻进。

为了把赣敌诱出永新，加以歼灭，6月上旬，王尔琢率二十八团向酃县佯攻，一举占领十都、水口、沔渡等地后，即回宁冈大陇集结。敌军以为红军远出湖南，便乘机进入根据地。王尔琢当机立断，亲自挑选作战勇敢、有作战经验的党员、骨干100余人为先锋队，以迅雷不及掩耳之势一阵冲锋，抢占制高点。此时，埋伏在白口武功潭的红三十二团也突袭敌指挥部，红二十七团直抄龙源口，早已守株待兔的新七溪岭上的红军凌空而降，四面夹击敌军。很快结束战斗，歼灭敌人一个团，缴获枪支1000余，创造了龙源口大捷的奇功。继而，王尔琢又先后打垮赣军二十七师杨如轩、二十六师杨汉生以及湘军第八军吴尚的主力团张进兮，一时名声大振，赢得了“飞兵二十八团”的佳誉。

在井冈山革命斗争的峥嵘岁月中，王尔琢展示了卓越的军事才华，成为纵横井冈山的一员骁将，为井冈山革命根据地的创建建立了不朽的功勋。

8月中旬，王尔琢率第二十八团由湘南地区回师井冈山。25日，担任前卫第二营营长的袁崇全，胁迫、欺骗一个步兵连和一个迫击炮连叛逃。王尔琢闻讯后立即率警卫排追赶。当追至江西崇义思顺墟时，王尔琢努力做叛逃官兵的工作，两个连的官兵又回到了革命队伍中。而王尔琢却遭袁崇全开枪射击，英勇牺牲，年仅25岁。

【解读】

王尔琢牺牲时长发及肩、长髯被膺。壮志未酬堪抱憾，革命到底亦英雄。红四军为王尔琢举行追悼大会，灵台上用棉花缀成“赤潮澎湃”四个大字，两旁挂着毛泽东起草、陈毅书写的挽联：“一哭尔琢，二哭尔琢，尔琢今已矣，留却重任谁承受？生为阶级，死为阶级，阶级后如何，得到胜利方始休！”

遵义城下洒热血

【名言】

自由的土地必须一寸寸夺取。

——杰弗逊

【故事】

1935 年 2 月 25 日，红军攻占娄山关。军委指示红一、三军团应趁敌人喘息未定，跟踪追击再克遵义。红一、三军团以雷霆万钧之势向遵义方向迅猛推进。在追击黔军南逃的战斗中，红三军团参谋长邓萍带领部队，一鼓作气抢占了遵义新城及城边村落。

遵义城当时分为新城和老城，以一条河流为界。新城在东，没有城墙；老城在西，筑有内外城墙。27 日黄昏，邓萍与红十一团政委张爱萍、团参谋长兰国清一起，冒着敌人的枪林弹雨，率领部队前进到老城北门外的前沿阵地。先把部队安置好后，他们 3 人一个接一个地跳到距城墙 10 余米的小河左岸，这里有一个隐蔽的小土墩儿。邓萍居中，张爱萍、兰国清分列两侧。他们紧凑地匍匐在草丛中，举着望远镜观察地形及敌人的守城布防，部署夜间战斗。富有作战经验的邓萍，很快发现了一条便于部队前进的通道，他说："先派一个营过河去，沿着河坡就可以接近城墙。"张爱萍立即派三营过河。接着，张爱萍又建议让侦察排也过河，警戒在新城通老城的大桥边，防止万一敌人发现我军行动，我军可以牢牢控制渡河点。邓萍赞同道："可以！侦察排动作一定要迅速！"

邓萍等人继续用望远镜观察。这时，邓萍发现三营好像有一部分人正在爬城墙。他用着急的口气说道："哪个要他们去爬城墙，接近城墙隐蔽起来就行嘛。"正在张爱萍想办法命令三营尽快停止爬墙时，忽见三营的部分官兵又一个个爬了回来。不久，一位年轻活泼的战士跑了过来："报告首长，我们营长说：'是两堵城墙，我们三营爬进去一连多人又出来了。'"邓萍关切地问道："你是谁？""我是三营通信员。"通信员立正回答。邓萍迅速从随身携带的小本上撕下一张纸，简短地写了几行字后交给通信员，并叮嘱道："把这信带去。告诉你们营长，队伍不要撤回来。”兰国清又补充道：“准备今晚爬城墙啊！”小通信员行了一个军礼，飞跑而去。邓萍又对张、兰两人说：“你们先钳制守城之敌，待军团主力到达后，今夜发起总攻，一定要在明天拂晓前拿下遵义，情况紧急，明天增援遵义的薛岳部就可能赶到……”话未说完，由于刚刚离开的通信员引起了城墙上敌军的注意，敌人向这里胡乱地放枪，一发流弹射中邓萍头部，他倒在张爱萍的右臂上，殷红的鲜血染红了张爱萍的衣襟。

军团长彭德怀是从张爱萍打来的电话里得知邓萍牺牲的噩耗的。他一时如五雷轰顶，惊呆了。想到和自己朝夕相处、患难与共的得力助手突然离去，两行热泪滚落而下。为了迅速拿下遵义城，邓萍主动要求随担任前卫任务的红十一团行动。昨天早晨，他们在娄山关握手道别。彭德怀做梦也没有想到，这次惯常的握手竟成了永诀。

邓萍的遗体被安放在一块背风的洼地里，一盏风雨灯挂在一棵小树上，发出昏黄的光。彭德怀轻轻揭开盖在邓萍身上的白布被单，默默地注视着战友苍白的遗容，心如刀绞。他掏出手巾，小心翼翼地为邓萍擦去脸上的血迹和尘土，然后低头默哀。四周一片寂静，流水声都听得十分分明，这是恶战前短暂的寂静。彭德怀慢慢抬起头来，小声对张爱萍说：“给参谋长换身新军装，如果没有，到总供给部去领，就说是我说的。”

回到指挥所后，彭德怀立刻给各部队下达了攻城命令，他手拿着电话筒几乎在吼：“拿下遵义城，为参谋长报仇！”

临近拂晓，遵义老城终于被红军攻下。邓萍烈士的遗体，被安葬在紧挨着遵义城的小龙山。

战后，张爱萍怀着十分沉痛的心情，挥笔写下挽诗一首：

长夜沉沉何时旦？

黄埔习武求经典。

北伐讨贼冒弹雨，
平江起义助烽焰。
“围剿”粉碎苦运筹，
长征转战肩重担。
遵义城下洒热血，
三军征途哭奇男。

【解读】

红军离开遵义后，国民党军队及当地反动政府对邓萍烈士墓进行了多次破坏，他们将邓萍烈士的遗体从土墓中挖出来，抛尸山野。然而，当地革命群众却冒着生命危险，在半夜里悄悄将邓萍烈士的遗体秘密掩埋。新中国成立后，在当地群众的帮助下，人民政府重新找到了邓萍烈士的遗骸，迁葬在青松覆盖、绿水环绕的凤凰山上。彭德怀亲自修订了邓萍的简历，张爱萍亲笔为邓萍烈士撰写了墓志铭。移墓时发现的邓萍烈士遗物，被军事博物馆收藏，以作对烈士永远的纪念。

革命不怕死，怕死不革命

【名言】

自由的目的是为他人创造自由。

——马拉默德

【故事】

“来了。”当冯平坐在竹椅上从船上被抬着下来时，岸上的群众一阵骚动。

这一天，是澄迈县金江墟赶集日。早在一两天前，金江墟上就贴满了这样的布告："共匪头目冯平被擒。"

本来，平时赶集一阵就散了，但1928年5月初的这一天，上午10时多了，还陆续有人从附近的村庄赶来。大家都想看一眼冯平。

冯平除了任琼崖工农红军总司令外，还身兼红军西路总指挥，在澄迈、临高、儋县三地开展武装斗争，其大名在这一带可谓家喻户晓。"冯平活捉双土豪"的故事就在百姓中广为流传。为了打击破坏农民运动的临高土豪曾道祖，冯平从临高县城出发，步行四五公里，来到一个村庄，找到曾道祖，说是受朋友之托来拜访他，然后邀请他到村边聊聊。走到村口，看见一位挎着驳壳枪的人，曾道祖顿感不妙，扭头想走。冯平对他说："我专程来找你，在问题没弄清楚之前，你不能离开。现在跟我走。"原来，那位挎枪的人是冯平的警卫员。他们把曾道祖带回县城，交给农会组织进行说理斗争。用同样的办法，冯平又到新盈港带回民愤极大的土豪陈凤翔。

冯平还组织过大小战斗，攻城镇、砸监狱，威名远扬。"冯平"这两个字让国民党反动官兵和土豪劣绅闻之丧胆，让贫困百姓敬仰有加。听说冯平落入敌手，大家都赶来看望，现场一下子挤满了几千人。

6月17日下午，当记者站在澄迈县城金江桥边时，头上乌云滚滚，眼前河水滔滔。很快，豆大的雨点倾泻而下。难道是大自然在借用这样的图景，模拟83年前这河边充盈天地的悲愤？

"冯平来了！"那一天11时过，人们拥向金江河边，看见冯平由河对岸被抬上船过河，又被抬上岸。1928年5月9日，由于叛徒告密，冯平在澄迈仁教岭（现属屯昌县）被围捕。在避敌向山下转移时，冯平踩到竹签，脚上鲜血直流。这也许是用竹椅抬他的一个原因。

身材魁梧，穿着草鞋的冯平坐在竹椅上，双手被绑着。他面无惧色，反而流露出了激动的神情。也许，在冯平看来，这不是示众，而是一次宣传革命的好机会。

“父老兄弟们！本人就是琼崖工农红军总司令冯平，感谢大家来看我，革命不怕死，怕死不革命，杀了一个冯平，还有千万个冯平。革命是杀不绝的，共产主义一定会实现！”多年后，冯平的这一演说还在金江河畔、在海南的大地上回响。

【解读】

冯平是海南岛早期的革命领导人之一，琼崖工农红军总司令冯平烈士，为共产主义事业“鞠躬尽瘁、死而后已”的奉献精神，在海南广为流传，鼓舞着人们为推翻旧制度、建立新中国而英勇奋斗。

人们对自由的追求和向往

公平正义是社会主义和谐社会的重要特征和重要目标，它体现着人们对自由的追求和向往，对自身力量的肯定，正义要求人们是非标准鲜明，公平行事，惩恶扬善，要有社会正义感。

意大利学者贝卡里亚称法律的基本原则是：为人诚实，不损害别人，给予每个人他应得的。也就是说法律是保障人类自由生活的前提，有了法律，人类才能在社会中自由的活动，人类的合法行为才能得到实现。

法律能保障自由，也离不开那些秉公执法的法律执行者，正是有了他们的公正无私，才保证了法律的尊严，也保证了民众的自由。

铁面无私断案

【名言】

清心为治本，直道是身谋。
秀干终成栋，精钢不作钩。
仓充鼠雀喜，草尽兔狐愁。
史册有遗训，毋贻来者羞。

——包　拯

【故事】

范仲淹的新政失败以后，北宋的朝政越来越腐败，特别是在京城开封府，权贵大臣贪污受贿的风气十分严重，一些皇亲国戚更是肆无忌惮，不把国法放在眼里。后来，开封府来了个新任知府包拯，这种情况才有了点改变。包拯是庐州合肥人，早年做过天长县的县令。有一次，县里发生一个案件，有个农民夜里把耕牛拴在牛棚里，早上起来，发现牛躺倒在地上，嘴里淌着血，掰开牛嘴一看，原来牛的舌头被人割掉了。这个农民又气又心痛，就赶到县衙门告状，要求包拯为他查究割牛舌的人。这个无头案该往哪里去查呢？包拯想了一下，就跟告状的农民说："你先别声张，回去把你家的牛宰了再说。"农民本来舍不得宰耕牛，按当时的法律，耕牛是不能私自屠宰的。但是一来，割掉了舌头的牛也活不了多少天；二来，县官叫他宰牛，也不用怕犯法。

那农民回家后，果真把耕牛杀掉了。第二天，天长县衙门里就有人来告发那农民私宰耕牛。包拯问明情况，立刻沉下脸，吆喝一声说："大胆的家伙，你把人家的牛割了舌头，反倒来告人私宰耕牛？"

那个家伙一听就呆了，伏在地上直磕头，老老实实供认是他干的。

原来，割牛舌的人跟那个农民有冤仇，所以先割了牛舌，又去告发牛主人宰牛。打那以后，包拯审案的名声就传开了。

包拯做了几任地方官，每到一个地方，都取消了一些苛捐杂税，清理了一些冤案。后来，他被调到京城做谏官，也提出不少好的建议。宋仁宗想整顿一下开封的秩序，才把包拯调任开封府知府。

开封府是皇亲国戚、豪门权贵集中的地方。以前，不管哪个当这差使，免不了跟权贵通关节，接受贿赂。包拯上任以后，决心把这种腐败的风气整顿一下。

按照宋朝的规矩，谁要到衙门告状，先得托人写状子，还得通过衙门小吏传递给知府。一些讼师恶棍，就趁机敲诈勒索。包拯破了这条规矩，老百姓要诉冤告状，可以到府衙门前击鼓。鼓声一响，府衙门就大开正门，让百姓直接上堂控告。这样一来，衙门的小吏要想做手脚也不敢了。

有一年，开封发大水，那里一条惠民河河道阻塞，水排泄不出去。包拯一调查，河道阻塞的原因是有些宦官、权贵侵占了河道，在河道上修筑花园、亭台。包拯立刻下命令，要这些园主把河道上的建筑全部拆掉。有个权贵不肯拆除。开封府派人去催促，那人还强词夺理，拿出一张地契，硬说那块地是他的产业。包拯详细一检查，发现地契是那个权贵自己伪造的。包拯十分生气，勒令那人拆掉花园，还写了一份奏章向宋仁宗揭发。那人一看事情闹大，要是仁宗真的追究起来，也没有他的好处，只好乖乖地把花园拆了。

一些权贵听到包拯执法严明，都吓得不敢为非作歹。有个权贵想通关节，打算送点什么礼物给包拯，旁人提醒他，别白操心了，包拯的廉洁奉公是出了名的。他原来在端州做过官。端州出产的砚台，是当地的特产。皇宫规定，端州官员每年要进贡一批端砚到内廷去。在端州做官的人往往借进贡的机会，向百姓大肆搜刮，私下贪污一批，去讨好那些权贵大臣。搜刮去的端砚比进贡的要多出几十倍。后来，包拯到了端州，向民间征收端砚，除了进贡朝廷的以外，连一块都不增加。直到他离开端州，从没有私自要过一块端砚。那些权贵听了，知道没有空子好钻，也只好罢休。后来开封府的男女老少，没有人不知道包拯是个大清官。民间流传着两句歌谣："关节不到，有阎罗包老。"

包拯对亲戚朋友也十分严格。有的亲戚想利用他做靠山，他一点也不照顾。日子一久，亲戚朋友知道他的脾气，也不敢再为私人的事情去找他了。宋仁宗很器重包拯，提升他为枢密副使。他做了大官，家里的生活照样十分朴素，跟普通百姓一样。过了5年，他得重病死了，留下了一份遗嘱说：后代子孙做了官，如果犯了贪污罪，不许回老家；死了以后，也不许葬在包家的坟地上。

【解读】

包拯一生做官清廉，给普通老百姓创造了一个相对自由的生存空间，也保持了法律的公正性。他这样做，不但生前得到人们的赞扬，在他死后，人们也把他当做清官的典型，尊称他"包公"，或者叫他"包待制"、"包龙图"。

民间流传着许多包公铁面无私、打击权贵的故事，还编成包公办案的戏曲和小说。虽然其中大都是虚构的传说，但是也反映了人们对清官的敬慕心情。

护法斩外甥

【名言】

近代平一天下，拓定边方者，惟秦皇、汉武。

——李世民

【故事】

汉武帝刘彻是中国历史上一个很有作为的皇帝。汉武帝的妹妹林虑公主有个儿子，叫昭平君，也就是汉武帝的外甥，昭平君依仗自己的舅舅是皇帝，母亲是公主，常常仗势欺人，干了许多坏事。林虑公主对这个宝贝儿子疼爱得很。但也清楚地知道如果任其下去，早晚有一天会闯下大祸。后来林虑公主得了重病，久治不愈，儿子昭平君实在是让她放心不下，临死之前，她把哥哥汉武帝找到跟前，给了他黄金千斤，钱一万缗，伤心地说："我只有这么一个儿子，我真担心他以后会犯国法，被判死罪。现在我把这些钱财交给你，只求你将来能念兄妹之情免掉他的死罪，这样我死后就能闭上眼睛。"汉武帝轻声慢语地安慰了妹妹一番，并当场答应了她的请求。林虑公主死后，昭平君更加无法无天，整天胡作非为。有一天他喝醉了酒，竟然平白无故地把一个年老的官员杀死了。朝廷的有关部门只好把他抓起来关在监狱里。但由于他的皇亲贵子的特殊身份，谁也不敢给他判刑。武帝知道了这件事，感到很为难，按理说杀人要偿命，应该判昭平君死刑。但他又想到妹妹临终前的请求，不忍心处死外甥。到底该怎么办？武帝苦苦地思索了很长时间，他想到自己的行动将要给整个国家带来影响。如果自己置法而不顾，今后还怎么去治理国家？最后还是忍痛下了决心。对众人说：“法令是国家制定的，我不能因为他是我的外甥就破坏了法令。”说完他就果断地下达了将昭平君斩首的命令。

汉武帝坚持天下为公，秉公执法这件事受到后人称赞，得到人们爱戴。

【解读】

对于帝王而言，能倡行天下为公，实乃少见，在封建社会时期对于百姓来说，天下为公也就近乎于实现了人人相对平等的社会愿景。

霍光辅政为公

【名言】

霍光受襁褓之托，任汉室之寄，匡国家，安社稷，拥昭，立宣，虽周公、阿衡何以加此！然光不学亡术，闇于大理；阴妻邪谋，立女为后，湛溺盈溢之欲，以增颠覆之祸，死才三年，宗族诛夷，哀哉！

——班固

【故事】

霍光是汉昭帝手下赫赫有名的贤臣。在他辅政时，汉昭帝年纪尚小，不懂得如何治理国家，霍光就不厌其烦地向汉昭帝进谏，请求皇帝陛下要尽可能地照顾老百姓，减轻赋税，减少官差，遇到灾荒年要借给百姓种子和粮食。正因为他敢于直谏，使得汉昭帝时，朝政比较清廉。老百姓说："孝文皇帝和孝景皇帝的日子又快回来了。"可是朝廷中有几位大臣因为霍光不讲情面，一心为公，他们不能为所欲为，就把他看作眼中钉、肉中刺，非把他拔去不可。

左将军上官桀和他的儿子上官安首先反对霍光。上官安是霍光的女婿。他有个女儿，才六岁。上官安要把这个六岁的女儿嫁给汉昭帝，将来好立她为皇后。他请父亲上官桀先去跟霍光疏通。霍光说："您的孙女才六岁，现在就送进宫里去，不合适。"话是一句好话，可是上官桀和上官安从此更痛恨霍光了。

上官安不死心，他找到了汉昭帝的大姐盖长公主的朋友丁外人，请他去请求盖长公主。丁外人花言巧语地向盖长公主一说，盖长公主就答应下来了。原来汉昭帝从小死了母亲，是姐姐将他带大的，一向把大姐盖长公主看成母亲一样，盖长公主怎么说，他就怎么做。就这样，上官安六岁的女儿进了宫，没有多少日子就立为皇后。上官安做了国丈，还做了车骑将军，他非常感激丁外人，就在霍光面前说丁外人怎么怎么好，可以封他为侯。霍光对于六岁的小姑娘进宫这一件事本来很不乐意，因为盖长公主主张这么办，他不便过于固执。可是封丁外人为侯，霍光是坚决反对的。上官安为此嘴皮子都说出血来，霍光还是不依。

上官安央告他父亲上官桀再去跟霍光商量。霍光说："无功不得封侯，这是高祖立下的制度。"上官桀降低了要求，他说："拜他为光禄大夫行不行？"霍光说："那也不行。丁外人无功无德，什么官爵都不能给，请别再提啦。"霍光因此得罪了上官桀爷儿俩和盖长公主、丁外人等人。

上官桀等人勾结燕王刘旦（汉昭帝的异母哥哥），先想办法消灭霍光，然后废去汉昭帝，立燕王刘旦为皇帝，朝廷里有左将军上官桀、车骑将军上官安，还有别的大臣，外边有燕王刘旦，宫里有盖长公主和丁外人，他们联合起来布置了天罗地网，打算将霍光置于死地。

这伙丧心病狂的家伙，借口霍光把一个校尉调到大将军府里来，就诬陷霍光不尊重皇上滥用职权，企图借汉昭帝之手处罚霍光。多亏汉昭帝圣明，及时戳穿上官桀等人的阴谋诡计才使霍光得以幸免。霍光十分感激汉昭帝明察秋毫，更加坚定自己一心为公的信心和勇气。

上官桀爷儿俩一计不成，又生一计，准备杀了霍光之后，再把燕王刘旦刺死，上官桀自己即位做皇帝。上官安高兴得像躺在云端里一样。父亲做了皇帝，自己就是太子了，心里太高兴，不能不向自己的心腹聊聊，有人把他们的秘密告诉了霍光。霍光为了国家的社稷安危，为了普天下的黎民百姓着想，制定了周密的计划，一网打尽了乱党。平定乱党以后，霍光为了百姓能安居乐业，就建议汉昭帝对少数民族采取安抚政策、减少人头税，提倡节俭，裁撤冗员等，总之，霍光辅政期间吏治清明，天下太平，百姓十分敬佩这位品德高尚，一心为公的大将军霍光。

【解读】

霍光，掌握汉朝政权前后长达20年，他忠于汉室，老成持重，而又果敢善断，知人善任，实为具有深谋远虑的政治家。

他改变武帝末年横征暴敛、赋税无度的政策，不断调整阶级关系，与民休息，使汉代的经济出现了又一个发展时期，这一系列的措施，使他成为西汉历史发展中的重要政治人物。

为民伸张正义

【名言】

公而无私，一言而万民齐。

——《淮南子·修务训》

【故事】

汉朝顺帝时，苏章被任命为冀州刺史。他到任后，秉公守法，体察民情，为民伸张正义，并积极处理积案。在清查的过程中，发现清河太守是个大贪污犯和行贿犯，但他却是清河太守最好的朋友，苏章派人把清河太守请到府上（实际上是软禁）。在开堂的前一天晚上，苏章准备了好酒好菜，两人一边喝酒，一边畅叙旧情，十分快乐，酒席中苏章没有提起他贪污行贿之事。

清河太守，自从苏章来任刺史后，心里十分恐慌，因为他了解苏章的为人，一向正直无私，更清楚自己的罪行严重。因此既不敢接近苏章又不敢再次行贿。可是苏章既然与他饮酒叙旧，想必不会对他治罪了，于是得意忘形地说："别人头上只有一层天，唯独我头上有两层天啊。"苏章听见清河太守这样说话，知道他误解了自己的意思，于是郑重地回答道："今天晚上我请你来喝酒是尽了私人的旧谊，明天是冀州刺史开堂审案，那可是执行公理王法啊！"太守听了这话后，吓得面如土色，如梦方醒，刚才那种得意忘形的劲儿早没了。

第二天冀州刺史开堂审案，苏章没有因清河太守是自己的老朋友而行半点私情，依据国法将这个贪污行贿的清河太守正法了。

苏章公私分明，铁面无私，执法如山，在官官相护、结党营私的封建社会里，是很难得的。

【解读】

私是私，公是公，两者不是一回事，私恩岂能代替公法？苏章那个犯下罪状的朋友自持“独有二重天”，以为可以凭借与苏章的关系而得到庇佑、逃脱法律的制裁，而苏章不徇私情，坚持公法，铁面无私，维护了法律的公正与尊严，被传为佳话。

公而忘私的名臣

【名言】

罪人获释，法官就是罪人。

——绪儒斯

【故事】

李膺是东汉时期的一位名臣，著名学者，做官以严明著称。

东汉后期，宦官专权，朝政腐败，民不聊生。李膺是官僚士大夫中反对宦官集团的中坚人物之一。他在任司隶校尉期间，敢于不避权贵，裁治不法。当时权倾朝野的大宦官张让的弟弟张朔做野王（河南沁县）县令，贪婪残暴，为非做歹，甚至毫无人道地残杀了一名怀孕的妇女。老百姓早就恨透了这个地方恶霸，但都敢怒不敢言。张朔听到李膺作风威严，畏罪逃到京城里，躲藏在他哥哥张让家房柱的复壁里面。李膺得知这种情况之后，亲自率部下将张让家房柱的复壁打开，拘捕了张朔，把他交付给洛阳监狱，招认口供之后，立即依法处死。

“破柱取朔”这一行动，沉重地打击了宦官的气焰。尤其是大宦官张让恼羞成怒，向汉灵帝诉冤，要求治罪李膺。灵帝一时听信小人谗言，立即下诏书要李膺入殿。灵帝亲自在殿前平台上召见李膺，怪罪他不先请示，便加诛杀的行为。李膺早就把自己的生死置之度外，义正词严地回答说：“过去晋文公逮捕卫成公，把他送到京师，《春秋》对此作了肯定。以前孔丘做鲁国的司寇，刚上任七天就诛杀了少正卯。现在臣到官已经十天，自认为办事拖延为错误，没有料到竟获得办事急躁的罪名。我诚然知道陛下要加以责备，死不旋踵，特地请求留在任上五天，翦除那些首恶大奸，退就鼎镬，才是我平生的愿望。”汉灵帝听后再也无话可说，转而对张让说：“这是你弟弟的罪过，司隶有什么过错？”此时的张让无可奈何，灰溜溜地退下了。从此以后，大小宦官们都害怕“李校尉”。李膺这种公而忘私、为民除害的精神得到人们的传颂。

【解读】

为了寻求司法的公正，李膺不惜冒犯天颜，为老百姓寻求法律上的平等。不能不说是一个正直的官吏。

历史上像李膺这样冒死直谏的廉吏，还有很多，他们之所以置自己的前途性命于不顾，就是把执法公正作为自己为官取仕的正途，为的就是还百姓一片清明的天空。

孔琳之明宪直法

【名言】

对他人的公正就是对自己的施舍。

——孟德斯鸠

【故事】

孔琳之（379－423年），字彦琳，会稽山阴（今浙江绍兴）人。南朝刘宋永初二年（421年），年已四十三岁的孔琳被任命为御史中丞。任职三年间，“明宪直法，无所掘挠。”尤其是他弹劾尚书令徐羡之一事充分显示了他刚正无私的执法风范。

永初三年（422年）的一天，群臣都去参加皇太子正会，会后众人乘车四散而去，唯有孔琳之的车子尚停在皇太子宫门前。忽然，尚书令徐羡之手下的一个人骑着马挡在了中丞的车前。按制度，为了表示宪官的威严，中丞的车前是根本不能让任何人靠近的。所以，御史台的收捕吏就上前命那人离开，但此人竟恃势詈骂收捕吏，在一旁的御史台谘审要逮捕此人。孔琳之不愿因此小事引起部门间的冲突，就制止了谘审。不料，此人竟还是辱骂不止，孔琳之见他实在太无礼了，命将此人逮捕。而那人死活不肯下马，并且连声大呼，叫来了尚书省的两个威仪，殴打御史台的收捕吏。尚书令省事倪宗又带来威仪、手下，一起殴打中丞孔琳之的手下人，并且嚣张至极地叫道：中丞凭什么行凶，竟敢逮捕徐令公的手下人！把御史中丞的收捕吏、威仪全都给我捆绑起来！孔琳之见此情景，唯恐事态扩大，极力约束手下人，不得与对方发生冲突。但对方反而“凶势辀张，有顷乃散”。随后，又有一群人来到孔琳之的车旁，逮捕了一位名叫樊马子的收捕吏，还连捶带打地强迫他顿首伏罪，使他身负重创，连御史台都不能回去了。御史台逮捕犯法之人，本来是无可厚非。但倪宗竟敢恃势凶恣，抢夺罪犯。而发生如此恶性事件时，身为尚书令的徐羡之当时就在现场，竟不加制止，反而事后推诿说当时禁止了，但未起作用。如此藐视国法的行为令孔琳之义愤填膺，当即决定一定要弹劾徐羡之。

这位徐羡之何以如此猖狂呢？原来在东晋时，他曾和当今天子刘裕同府共事，深相亲结，而刘裕称帝后，更加宠信他，使之位居朝端，贵为宰相，素来以“风度详整”为当世所推重的。所以他听说孔琳之准备弹劾他时，“不欲以犯宪示物”，就托人向孔琳之求情。当时，徐羡之还兼领扬州刺史，而孔琳之的胞弟孔璩之正好为扬州治中，所以徐羡之就指使璩之向孔琳之求情，要他不再追究。孔琳之不肯允诺，璩之苦苦相求，孔琳之正言厉色对他说道：我触忤宰相，正当罪止一身尔！汝必不应从坐，何须勤勤邪！

随即，孙琳之正式弹劾徐羡之纵任手下凌辱宪司是“乖违宪典”，请求免羡之所居官，以公归第。

虽然在宋武帝的庇护下，徐羡之没有被免官，但孔琳之的弹劾也使他受到了教训。

【解读】

公平执法，不一定非要惩办处死某个人，运用自己的聪明才智，采取一些智谋，也能达到保持法律公正的效果。

在封建社会中，由于是皇帝一个人掌握国家的命脉，所以，要谈到公正执法就是比较困难的事。在那种高压、皇权的桎梏下，“曲线救国”式的执法是很有必要的。

陆杲不畏强御

【名言】

在政府事务中，公正不仅是一种美德，更是一种力量。

——拿破仑

【故事】

陆杲（459—532年），字明霞，吴郡吴县（今江苏苏州）人。梁天监五年（506年）出任御史中丞，以“纠绳不避权幸，可谓允兹正色”而饮誉朝野。

山阴（今浙江绍兴）县令虞肩任职期间大肆贪污受贿，数目高达数百万。陆杲了解此事后，立即上疏弹劾并奏请将虞肩逮捕，彻底追查，虞肩与中书舍人黄睦之关系莫逆，因而黄睦之受虞肩之托来向陆杲求情，请他高抬贵手，不要追查此案。黄睦之虽说只是品秩不高的中书舍人，但他极得皇帝宠幸，是朝中炙手可热的显要人物。连他家乡乌程的子弟们都借此骄横不法，而当地的太守却慑于黄睦之的权势而只能屈辱地“折节事之”，由此可以想见黄睦之的权势之大。黄睦之被人曲意奉承而颐指气使惯了，以为虞肩之案只需他跟陆杲打个招呼就可以了，根本没想到陆杲竟未加理会，仍然照旧追查虞肩之狱。梁高祖听说此事后，向陆杲询问此事的内情，陆杲坦然地回答说：黄睦之的确向我求情了。高祖随意地追问道：爱卿一定认识睦之这个人了？当时黄睦之正侍立在高祖身侧，闻言不禁拿眼瞄了陆杲一下，心中正在暗自得意。不料，陆杲竟语调冷漠地答道：臣不识此人。高祖就指着黄睦之对他说：此人就是黄睦之。陆杲当即厉声喝叱道：君小人，何敢以罪人嘱南司？鄙夷之气溢于言表。睦之闻言，不禁大惊失色。满朝文武都为陆杲的胆识、气度所折服。

时领军将军张稷是陆杲的二舅，陆杲曾因公事之故弹劾了他。张稷对此一直耿耿于怀。一次，他借参加皇家盛宴之机向高祖诉说："陆杲是臣通亲，小事弹臣不贷。"不料，高祖不但没同情他，反而指斥说：弹劾是陆杲的本职，卿怎么会以此为嫌！

陆杲虽然在御史台任职仅一年，但不畏强权的声誉却倾动朝野。

【解读】

陆杲一生忠正果敢，为了维护法律的工作，做出了许多常人无法想象的努力。为此，后人对其有很高的评价。

唐人姚思廉高度评价陆杲是："性婞直，无所忌惮，既而执法宪台，纠绳不避权幸，可谓允兹正色。《诗》云：'彼己之子，邦之司直。'杲其有焉。"

以身殉国的刚直法吏

【名言】

有公心，必有公道。

——杨　泉

【故事】

提起北魏的郦道元，大家都知道他是《水经注》的作者，但也许有人不知道他还是一位以身殉国的刚直法吏呢！

郦道元（？－527 年），字善长，范阳（今河北定兴县南）人。太和年间（477－494 年），为尚书主客郎，后任太傅掾，以“秉法清勤”、“执法清刻”著称，深得御史中尉李彪的赏识，特意提拔他出任治书侍御史，后被任命为御史中尉。在他执法生涯中，素来以“严猛”闻名，那些不法权豪都十分畏惮他。

司州牧、汝南王元悦的近臣丘念十分得宠，与元悦形影不离、同卧共食。凭借这种关系，丘念大肆弄权专恣，尤其是在选任州官时，舞弊营私，秽闻狼藉。深知自身罪孽的丘念十分畏惮郦道元的威名，经常匿藏在元悦的王府宅第中不露面，偶而才偷偷地返回自己家中。道元暗中摸清这种情况后，抓住他回家的时机，将他缉捕入狱。元悦向专擅朝政的灵太后祈请，太后“有敕赦之”，而郦道元却将丘念依律处死，并借机弹劾汝南王元悦，元悦为此记恨在心。

孝昌三年（527 年）正月，与万俟丑奴大战的萧宝夤大败东还，被任命为雍州刺史，因心怀猜惧、内不自安而稍露反状。素来忌妒道元的侍中、城阳王元澄和汝南王元悦一起讽喻朝廷，派遣道元出任关右大使。宝夤唯恐道元图谋自己，声称“郦道元此来，事不可测，吾不能坐受死亡，今便为身计，不复作魏臣”。派遣部下将郦道元围困在阴盘驿亭（今陕西临潼真附近）。亭子坐落在高冈上，用水需依靠冈下之井。被围困断绝水源后，郦道元在亭内凿井十余丈深也未有水，水尽力屈，萧宝夤部下逾墙而入，“道元嗔目叱贼，厉声而死”，他弟弟的两个孩子也一起遇害。

道元虽死于疑忌谋反的萧宝夤手下，实际上是死于元悦的挟私排陷。唐代史家李延寿盛赞道元骂贼而死的凛然气节，称“道元遭命，有衔须之风，盛矣乎！”

【解读】

我国古代的伟人，往往是一专多能，在某一领域取得了很高的成就，在其他领域里也取得了令人刮目相看的成绩，郦道元就是这样的一位故人。

众所周知，我国著名的地理专注《水经注》的作者就是郦道元。郦道元不仅是一位卓越的地理学家，更是一位恪尽职守、秉公执法的廉吏。

惩子不亏法

【名言】

坏我法者，必在子孙乎？譬如猛兽，物不能害，反为毛间虫所损食耳。

——隋文帝

【故事】

杨坚（541—604 年），隋朝开国皇帝，谥号文帝。他“天性沉猜”，“喜怒无恒”。晚年尤其“以文法自矜，明察临下”，玩弄个人权术，法外用刑，“不复依准科律”。但在他治国前期却与此判若两人，在执法方面，确有难以泯灭的闪光之处。

国君是否严格遵守法制，关键在于能否做到公允无私、不以私害公。文帝治国初年在这一方面颇为留意。开皇五年（585 年），针对断狱中舞文之弊，文帝曾亲下诏命：“人命之重，悬在律文，刊定科条，俾令易晓。分官命职，恒选循吏，小大之狱，理无疑舛。”在文帝心目之中，法令的地位是至高无上的。

郢国公王谊，青年时曾与杨坚一同游学庠序，有同学之谊。杨坚当了皇帝，两人关系更加亲密。杨坚将女儿嫁给了王谊的儿子奉孝，并常亲自驾幸王谊家宅，畅叙友情，尽欢方散，称得上恩遇有加，“顾遇弥厚”。但当王谊被弹劾大逆不道罪，应当处死时，杨坚并未法外施恩地对他网开一面。处置之前，杨坚怆然对王谊说：“朕于公旧为同学，甚相怜愍，将奈国法何？”终于赐王谊于家自尽。

秦孝王杨俊，是隋文帝的第三个儿子，颇得文帝的宠爱，屡次被委以重任，后被任并州总管都督二十四州诸军事。但后来，“渐奢侈，违犯制度，出钱求息，民吏苦之”。文帝派遣使者按查此事，受牵连下狱的有百余人，已重重地警告了他。但杨俊犹不思悔改，反而大兴土木，盛治宫室，穷极侈丽。遇疾，征还京师。文帝因他奢靡放纵，有违国法，断然决定免去秦王俊的所有官职，仅以秦王的身份回自己的府第将息休养，以示惩戒。

左武卫将军刘赜，出面为秦孝王求情说：秦王并未犯有什么别的错，只不过是花费官物为自己营修廨舍而已，臣谓可容。文帝断然回答道：“法不可违”。刘赜固谏，上忿然作色，才不得不放弃努力。后来，功高位重的杨素也为秦王说情，他婉转地陈请说：秦王之过，不应至此，愿陛下再详细慎重地考虑考虑！隋文帝回答说：“我是五儿之父，若如公意，何不别制天子儿律？以周公之为人，尚诛管、蔡，我诚不及周公远矣，安能亏法乎？”如此反问，的确有字逾千钧之感。最终，文帝还是坚持了自己的看法。

后来，秦王病势日渐沉重，连起身都不能了，遣使奉表向文帝谢罪，文帝还是不加宽宥，对秦王的使者说：“我戳力关塞，创兹大业，作训垂范，庶臣下守之而不失，汝为我子而欲败之不知何以责汝。”秦孝王听罢，既惭愧又畏惧。开皇二十年就病死于秦邸。

隋文帝宁可处罚自己的儿子，也不愿“亏法”。这种守法不失的精神是值得肯定的。令人遗憾的是，这种精神后来却走向了另一个极端，这是隋文帝的悲剧。隋文帝晚年，刑酷法滥虽然是他一生中的支流，但这个支流在炀帝身上却转化为主流。它使隋室江山二代而亡，这是隋文帝所始料不及的。

【解读】

历史上，隋文帝是一位比较有作为的君主。自隋文帝登基以来，他实现了自秦汉以来中国又一次统一，使北方民族大融合，南方经济发展，使隋代获得了“国计之富者莫如隋”的赞誉，为中国封建社会隋唐盛世的出现奠定了基础。

隋文帝可以称得上是一位盛世明君，只是可惜的是，隋朝在中国历史上算是一个比较短命的王朝，只经历了两个朝代就消失无闻了。

薛存诚持宪用则

【名言】

一切背离了公正的知识都应叫做狡诈，而不应该称为智慧。

——柏拉图

【故事】

唐代元和年间，恪守宪律公推第一人的就是御史中丞薛存诚。宪宗常言：“持宪无以易存诚”。每当御史中丞缺人时，宪宗首先提到的人选就是薛存诚，并指名由他补任。

薛存诚（？—814 年），字资明，河东（今山西永济县蒲州镇）人。进士及第后，即踏入宦海，到了元和元年（806 年）已经升到御史中丞。薛存诚秉性平和，处事待物总是十分宽容。“于人无所不容”，但当官处理事情涉及原则时，却毫不妥协退让，与平时判若两人。

久留长安、郁郁不得志的司空、平章事于頔为求出任节度使，指使自己的儿子通过中介人贿赂“颇招权利”的枢密使梁守谦。元和八年（813 年），事情败露后，朝廷指派御史中丞薛存诚、刑部侍郎王播、大理卿武少仪组成三司使追查。审查中他们发现此案牵连了一个法号鉴虚的僧人，此人自贞元以来即通过财帛交结权幸，接受方镇赂遗，招权弄事，厚自奉养，赃秽恶名远播内外。但由于他倚靠势焰熏天的宦官，背景大、根子深，所以虽然为非作歹，官吏却不敢将他绳之以法。此时因涉嫌于頔、杜黄裳行贿事下狱。薛存诚借机彻底追查鉴虚行贿受赂的罪证。最后查得他受赃贿数目竟高达数十万，依律必须处以死刑。闻听此讯的权幸贵要都争先恐后地轮番到宪宗面前为他求情保驾。宪宗碍不过众人情面，下诏命薛存诚释放鉴虚，但薛存诚却抗违诏命，表示绝对不释放鉴虚。宪宗正是嘉赏他敢于执正不回，二驳诏敕，方奖擢他出任中丞，所以他是深知存诚秉性的。

宪宗知道，虽然自己是至高无上的皇帝，明目张胆地让薛存诚屈法放人，也是办不到的，于是第二天，又令中使到御史台，传宣圣旨：“朕要此僧面诘之，非赦之也。”打着皇帝要亲自审讯的旗号，想以此骗存诚放人。但薛存诚早已窥悉此一套把戏的真实意蕴，当即草拟了一篇奏章让传宣圣旨的中使带给宪宗。他开宗明义地说："鉴虚罪款已具。"实际是向宪宗点明既然案犯已经招供，证据确凿，根本无需烦劳皇上亲讯。颇有点戳破托词的味道。但作为臣子不能公然折辱圣上，因此在奏章中他又退了一步，指出即便此举有必要，他可以将人送到内廷，但希望圣上"非赦之"的保证不要成为空话。在附奏中薛存诚义无反顾地写道："陛下若召而赦之，请先杀臣，然后可取，不然臣期不奉诏。"宪宗亦是一代明君，臣子宁可冒犯圣上也要坚持守法的坚决态度令他怦然心动，一点也不为自己的托词被戳穿而恼怒，反而对薛存诚的守法大加叹赏。当年三月，鉴虚被杖决处死，所有财产均被没收。

一位平日恂恂的谦谦君子竟有如此胆识气魄，真是令人击节叹赏。

【解读】

中国的文人，往往具有不一样的气节，薛存诚就是这样一位"文绉绉"的严吏。他为了保持审判的公正性，居然不怕触怒皇帝，冒死直谏。这充分体现了我国古代文官的风骨。

斩子为公

【名言】

公正是施政的目的。

——丹·迪福

【故事】

刘仁赡是五代十国时期的南唐将领，字守惠，彭城（今徐州市）

人。周军入侵，刘仁赡为清淮节度使，固守寿春。后来南唐主李璟兵大败，向周奉表称臣，刘仁赡仍独坚守，不久病重了，副将孙羽以城降周那天病故。但他大义灭亲的动人事迹流传至今。

那是后周显德二年（955 年）十一月，周军开始攻打南唐寿春（即今安徽省的寿县）。周军攻打一年之多也没有取胜。城里已粮绝盐尽，士兵百姓处于饥饿之中。当时刘仁赡将领守城，他看到这惨不忍睹的现实，悲痛不已。请求齐王让边镐守城，自己率兵跟敌人决一死战，齐王李景达百般不应，刘仁赡连气带愁得了重病。他的小儿子刘崇谏见大势已去，便偷偷地趁着黑夜划小船要去淮北投敌，被小军官逮住了。刘仁赡得知消息义愤填膺，大骂其子是不忠之徒，并下令立即腰斩。左右官员深知刘仁赡的脾气，都不敢求情搭救，监军使周廷构急中生智，在中门嚎啕大哭，以此感动刘仁赡不杀其子，但他无动于衷，决不答应。周廷构无奈又派人去向刘仁赡的夫人求救。刘夫人平时受其丈夫的影响，和其一样忠烈，她说：“我对崇谏非常疼爱，可是军法难容，不能徇私情，名节不可以丢掉，如果饶了他，我们家岂不成了不忠的家庭了吗？败坏了祖宗的名声，我和他父亲还有什么脸面去见将士们和父老乡亲呢？”说毕，催促士兵立即处斩，然后办了丧事。将士们都被刘仁赡夫妇为效忠报国而大义灭亲之举，感动得流下了眼泪。

【解读】

斩子以求公正的古代人物有很多，刘仁赡就是其中之一。刘仁赡为了更好的领导军队，为了给全军将士做表率，为了执法的公正性，而含泪斩了自己的儿子，这是何等的伟大，何等的叫人佩服。

刘仁赡的夫人更是一位值得敬佩的女性，她没有阻挠丈夫的决定，而是毅然决然地站在了丈夫的背后，不是她不心疼自己的儿子，而是她心中的“公正”二字沉而又沉。

法无二门的进士

【名言】

人平不语，水平不流。

——释惟白

【故事】

高德基（1119—1172年），字元履，辽阳渤海（今辽宁辽阳）人。金皇统二年（1142年）登进士第。秉性刚正，不媚权贵。

皇统六年（1146年），高德基任尚书省令史。当时海陵王完颜亮为宰相，“为人僄急，多猜忌，残忍任数”。所以朝廷上下都顺承他的意旨行事，无人敢忤违。但是，身为小小的尚书令史的高德基却不同流俗，每次与海陵王意旨相违时，都坚持己意，反复申辩。海陵王不仅没有因此罢黜他，反而赞赏他的“公直果敢”。在他称帝后，还提拔高德基勾当南京行省。自此，高德基刚直之名远播朝野。

金世宗大定九年（1169年），高德基担任了刑部尚书，负责以律令格式审定刑名，主持全国司法审判。一次，刑部裁判的一件死刑案被宰相驳回。此案犯人罪行严重，依律必须判处死刑，刑部的判决是无可置疑的。但宰相为了表示恩典，竟抛开法律条文，要刑部从轻发落。金朝旧例：尚书各部报请省部参议时，历来都是宰相一言堂，各部无敢违者。刑部此案被驳回，依惯例应立即按宰相意见改判，不容再发表异议。但高德基认为法律面前人人平等，只能依据律文定罪，不能以个人喜怒好恶断案。所谓“法无二门，失出犹失入也!”因此，高德基没有听从宰相从轻发落的意见，坚持原判。在奏报世宗时，他详细申述了维持原判的法律依据及宰相意见的失当。世宗看后，认为刑部的处置是正确的，并将尚书各部长官都召来，当众赞扬高德基说：“自朕即位以来，以政事与宰相争是非者，德基一人而已。”并且发布敕令，“自今部上省三议不合，即具以闻。”改变了旧制的不合理之处。

元代史臣痛恨本朝胥吏入仕的流弊，因而讥讽以令史入仕的高德基是“执一而弗通”的窒者，是“诡法以自失者”。只是不知元代史臣所需要的“通”又是何物？如果是抛弃法律条文而肆意乱法，那我们需要的正是高德基这样的“法无二门”的窒滞不通的“愚执”者!

【解读】

“法无二门”意指法律的统一性，及前后一致，说明法律是不能随意变通的。高德基这一观点的提出，深深地解释了法律的本质。只有这样，才能保证人们在法律面前的平等，法律的神圣不可侵犯性。

不为势力所屈的御史

【名言】

法官一旦偏离了法律的条文就成了立法者。

——培　根

【故事】

吕思诚（1293—1357 年），字仲实，平定人，元泰定元年（1324

年）进士。后被任命为监察御史。他为人刚直敢言，“气宇凝定，素以劲拔闻，不为势利所屈。”他曾与斡玉伦徒等一起检举揭发中书省平章政事彻里帖木儿变乱朝政，但皇上有意包庇权臣，将他们的奏章扣留，不向下传达。吕思诚见自己的意见未被采纳，就主动提出辞职，以示抗议。于是他被调任广西廉访司佥事。

吕思诚到广西后，到属下郡县巡行。有一位号称于元帅的土官平时倚恃权势鱼肉乡人。得知吕思诚将来巡查后，唯恐自己为恶之事被察觉，就暗中指使自己的儿子去迎接吕思诚。但吕思诚不为所惑，当即下令逮捕了他的儿子，“悉发其阴私，痛惩其罪，一道震肃。”

不久吕思诚被调往浙西。当时，达识帖睦迩任南台御史大夫，他与江浙行省大臣有矛盾，唆使吕思诚检举那位省臣，吕思诚说：“吾为天子耳目，不为台臣鹰犬也”，坚决拒绝了南台御史大夫的无理要求。

而对于那些为非作歹，蠹政虐民的官员，吕思诚决不宽贷。后来他了解到，江浙行省平章左吉贪墨不法，“浙民多怨之”，于是他“奏疏其罪”，朝廷予以查办，“流之海南”。

后来，吕思诚被调入京城，先后担任国子司业、刑部尚书、礼部尚书、御史台侍御史等职。平章政事巩卜班违法乱纪，监察御史揭发了他的罪行，御史大夫也先帖木儿却袒护此人，说：姑且暂缓处置！企图拖着不办。吕思诚反对这种拖延战术，催促御史大夫上奏朝廷，于是巩卜班被罢免。

【解读】

吕思诚由于刚正守法，在朝内外很有名气。后来曾三任国子监祭酒，又曾担任中书省参知政事、中书左丞等职。连当时的权臣都承认“吕左丞素有廉声”，不敢对他进行陷害。

这就是正直的官吏身上应该具有的气节，连想着歪门邪道的小人都不敢对他加以迫害。

秉公守法的循吏

【名言】

做事公正一小时，胜过祈祷五昼夜。

——阿拉伯俗语

【故事】

舒化，字汝德，临川（今江西临川县）人。嘉靖三十八年（1559年）进士，明中期著名的法律专家，深谙律例。在《明史·艺文志》中载有舒化所著《问刑条例》七卷，《刑书会据》三十卷。在他几十年的仕宦生涯中，始终任职于司法部门，不仅修订律例，为执法提供详定划一的依据，而且在他多年的执法生涯中，抗首辅，忤逆皇帝，不以自己的得失为忧患，唯以律例为准绳，堪称明代守法循吏的典范。

明穆宗隆庆初年，舒化官任刑科给事中。时穆宗宠任宦官，旨多从中下。舒化上言："法者天下之公，大小罪犯宜悉付法司。不当，则臣能论劾。若竟自敕行，则喜怒未必当，而法司与臣等俱虚设。"穆宗颁下诏书，肯定了舒化以法为准的建议。

时高拱为内阁首辅大学士，路楷、杨顺因诬构杀害沈鍊被判处死刑。高拱想开脱路楷，就暗示舒化说：杨顺是祸首，楷可勿坐。舒化并未多言，而是取出审狱时记录两人供辞的狱牍让高拱看，义正词严地说道："狱故无炼名，有之，自楷始，楷诚罪首。"高拱又想宽宥方士王金等罪，舒化毫不退让，大声质问："此遗诏意，即欲勿罪，宜何辞?"由此忤怒了高拱，被外放为陕西参政。风骨凛然的舒化不愿曲事权宠，两番上疏请求解职后归乡。

神宗万历初年，舒化由南京大理卿召拜刑部左侍郎。正好刑部缺尚书，神宗手诏选用舒化。

舒化深悉司法方面失于酷滥的弊端，在于经太祖朱元璋亲手勒定的《大明律》一书，在司法审断中并未得到严格执行，有的未经详断而命从重拟议，已经定议者，又诏加等处斩。因此，他上任伊始，就借助天变上疏，请天下法吏各遵律例。舒化在奏疏中称"陛下仁心出自天性、知府钱若赓、知州方复乾以残酷死戍。请大小臣僚各遵律例毋淫刑"。万历十三年（1585 年），正值续修会典，舒化因辑嘉靖三十四年以后诏令及宗藩军政条例，捕盗条格，以及漕运总督奏经朝廷核准处理有关漕运刑事案件的条例中，与刑名相关的事例三百八十二条，以律为正文，例为附注，创律例合编的先例。奏请皇帝批准，颁示中外，作为断案鞫狱的法律依据，其中删除了许多明世宗时制定的苛严残酷的法令条文，有平允仁恕之称。

万历十四年，应诏陈言："请信诏令，清狱讼，速讯谳，严检验，禁冤滥，而以格天安民归本圣心。"时潞王府小校因事被兵马司吏目笞辱，小小吏目竟敢冒犯宗藩，神宗大怒，下令将吏目逮捕下狱，拷打致死。但神宗觉得尚不解气，又归罪于其捕卒七人，要将他们一律处死。如此滥酷、草菅人命，舒化奋力抗争，使得神宗只得下诏：处罚为首的一人，其余的都无罪释放。

明年，京察拾遗，南京的科道官论及舒化。舒化遂三次上疏乞请解职归乡为民，未获批准。正好赶上要虑囚，复起视事。宦官传帝旨：要赦免三十余个死囚犯，舒化力争，认为不可。神宗最终采纳了舒化的意见。

不久，舒化因病回乡。死后，赠太子少保，谥庄僖。

【解读】

舒化敢于为了司法的公正，与皇帝进行抗争，最后还取得了胜利。这只能叫人感叹唏嘘，在封建专制的制度下，这种反抗的勇气是多么的叫人佩服。

舒化是我们历史上留墨不多的人物，但是其历史意义是不容任何人诟病的，在那种社会背景下，这就是进步。

铁面惩权贵的清官

【名言】

公其心，万善出。

——方孝孺

【故事】

海瑞（1514—1587 年），字汝贤，琼山（今海南省海口市）人，回族，是我国封建社会著名的“清官”之一。他“生平为学，以刚为主”，所以自号刚峰，又因他终身不畏强权，刚直不阿，天下人都尊称他刚峰先生。

海瑞四岁丧父，孤依寡母，自小埋头于四书五经之中，取其精华，陶冶性灵，以他独有的个性和品质，把儒家之学和他经世济用的愿望结合起来，逐渐形成了不同流俗的作风和情操。在他初任南平县教谕一职时，就以锋芒毕露，赢得了“笔架先生”的美誉。一次，御史到南平县视察教育情况，在学宫接见教谕、训导和其他教官。当时两位训导及其他教官都下跪谒见，唯有海瑞中间挺立，拱手施礼问候而已。御史见这左右低、中间高，宛然山字笔架的样子，十分生气。而海瑞却说出一番道理：“台谒当以属礼，此堂，师长教士地，不当屈！”由此得到了“笔架先生”的雅号，以示对海瑞恪守礼法，不畏上官的高贵品德的敬重。此后，海瑞历经明嘉靖、隆庆、万历三朝，任官18年，自奉节俭，力矫旧弊，限田均税，兴修水利，为百姓做了不少好事，特别是他不畏强权，严于执法，置个人生死、荣辱于度外，更体现了他“刚峰”的特色。

在海瑞任浙江淳安知县的时候，浙江总督胡宗宪的儿子路过此地，因驿吏招待不丰厚，就仗着自己是总督之子，将其倒吊起来痛打了一顿。海瑞得知后，非常痛恨这种倚仗权势、违法行凶的行为，便假说道：过去总督巡视，命令所过之处不得铺张、挥霍，此人行装如此之盛，必非胡公子无疑。命令衙役将胡宗宪之子所带箱笼全部打开，把箱中数千两银子当场没收，收归国库，并喝令将胡公子五花大绑，交县衙看押。事后，还把此事经过详情报告了胡宗宪。胡宗宪害怕事情闹大了有损于自己的声誉，便不敢公开庇护自己的儿子，当然也就无法加罪于海瑞，怀恨在心，却有苦难言。

为匡正时弊，禁止贪污，他还宣布“禁迎送，禁饬馆舍”，“若本院妄有取用，是为法司犯法，有司鸣鼓攻之，律在不能赦”，并亲自冒着风险，身体力行。一次，严嵩的亲党、都察院左副都御史鄢懋卿来经理东南盐课事，由杭州经淳安到齐云，所经之处，许多州县的官吏百里承迎，唯恐不周，排场阔绰难以形容，敲诈勒索不计其数。但表面上，他却通知将要进入的各县说，自己素性简朴，不喜承迎，饮食供帐都要俭朴，不得过于华侈，靡费里甲云云。面对这位显赫要员，海瑞将计就计，上禀帖说："传闻所至与宪牌异，欲从宪牌则惧招尤，欲从传闻则恐违宪。下邑疲敝，未知所从"，迫使鄢懋卿回答"照宪牌行"。这样一来，鄢懋卿觉得到了淳安也捞不到什么油水，还要领教海瑞的铁面无私，便绕道他去，不再进入严州府地界。

明嘉靖、隆庆年间，官场上那种言行不一，欺世盗名，同流合污，媚世取宠的风气极为严重，社会上骄奢淫逸，贪赃枉法之风愈演愈烈，整个统治阶级日益腐朽。在此社会背景之下，出污泥而不染，清廉自守就已属非常不易，更不要说严于执法，匡正时弊了。海瑞的做法，深受百姓拥护，而权贵们却对他大为不满。当时，海瑞已得到朝廷命令，升任嘉兴通判，却由于鄢懋卿手下巡盐御史袁淳的诬陷，被降职为江西兴国县知县。

在兴国知县任上，海瑞惩贪抑恶的锐气一点也没有减退。原兵部尚书张鳌之侄张魁、张豹到兴国以买木材为名，在山里招摇撞骗，滥杀无辜，气焰十分嚣张。海瑞得知后，毫不犹豫，命衙役将张氏兄弟捉拿归案，送府治罪。送府后，由于官员包庇，竟宣判二人无罪。海瑞对这种处理结果非常愤恨，便又经详细调查，将二犯罪情况再一次据实上报。张鳌早在得知此事后，即出面写信求情，又四处活动，打通关节，致使"过往赣州士大夫无一不请脱求解"，最后，在海瑞的据理力争和江西总督吴百朋的支持下，张氏兄弟终于被判了罪，得到了应有的惩罚。

海瑞的清廉刚正、严于执法、不畏权势的精神为百姓所深深敬仰，也极大地震慑了一些不法官吏。隆庆三年（1569 年），海瑞调升都察院右佥都御史，钦差总督粮道巡抚应天十府。任命一发布，应天十府的官员都感到心惊胆颤，罪恶较大者先自动请求解职，有些横行乡里的豪绅巨富也搬迁到远方以暂避海瑞。有的权贵把住宅的门漆成红色，听说海瑞要来，便连夜把门改漆黑色，以免显眼。原本飞扬跋扈的监江南织造太监也连忙将自己乘坐的八抬大轿，改成了四抬小轿。

明朝中叶，土地兼并严重，乡官和豪绅置《大明律》中关于禁止兼并和侵占田产的严厉法律条文于不顾，大肆占田，上行下效，使两千年来社会的根本问题土地问题又趋严重，使社会矛盾更加尖锐，危害了封建统治的整体利益。

在南直隶境内，最令小户百姓痛恨的是前内阁首辅徐阶一家。徐阶及其兄弟子侄大放高利贷，巧取豪夺，侵占民田，勒索钱财，受到了华亭县农民的控告。而徐阶却不仅官大、势大，而且于海瑞有救命之恩，嘉靖年间，海瑞上疏劝谏皇帝，被打入死牢，多亏徐阶从中斡旋，才免于死命；嘉靖帝驾崩时，也是徐阶草拟遗诏，使海瑞得以出狱。在此情况下，海瑞毅然把有关徐家的诉讼封送徐阶，责成他设法解决，最低限度要退田一半，徐阶被迫接受了海瑞的带有强迫性的要求。在大量调查核实的基础上，海瑞认定徐氏子弟放债盘剥、家人横暴等事均为属实，便采取断然措施，逮捕徐阶之弟徐陟，遣散徐府数千家奴中的十之八九，又将徐阶的长子徐瑶、次子徐琨以及十多个豪奴充军边远之地，将徐阶的三儿子徐瑛革职为民。再一次体现了他的秉公断案，严于执法与刚正不阿。

此案之外，反对兼并，勒令退田还是海瑞在应天巡抚任上一贯的主张与做法，但类似的案件太多了，涉及的范围太广了，以至仅淞江一地，“告乡官夺产者几万人”，海瑞带着凛然正气与忘我精神卷入了大量这样的纷争之中，但却是单枪匹马，孤军奋战，以个人对抗强大的社会力量，遂使自己陷于不能自主之境，最终以被罢官家居而告结束。

【解读】

与许多刚正的执法者一样，海瑞是一个极有影响的人物，在当朝，他的作为就引起社会上普遍的关注，他的形象也得到广大百姓的衷心爱戴，以致“丧出江上，白衣冠送者夹岸，酹而哭者百里不绝”。在以后的各个不同历史时期，他作为历史人物，又成为人们研究的对象，并因其在执法中体现的服务于公众而牺牲自我的精神与高尚的道德风貌得到人们的仰慕与长久的颂扬。

薛允升抗命斩太监

【名言】

目贵明，听贵聪，心贵公。

——邓析子

【故事】

薛允升（1820—1901 年），字云阶，陕西长安（今西安）人，清朝著名的法律专家。自从咸丰三年（1853 年）考中进士，以主事签分刑部时起，薛允升大都在刑部任职。他认为：“刑名关民命，穷年讨测律例，遇滞义笔诸册，久之有所得。或以律书求解，辄为开导，而其为用壹归廉平。凡所定谳，案法随科，人莫能增损一字。长官信仗之，有大狱辄以相嘱。其鞫囚如与家人语，务使隐情毕达，枉则为之平反。”因此在他长达 49 年的宦海生涯，明烛幽隐，屡平冤狱，极负盛名，并著有《读例存疑》五十四卷、《汉律辑存》六卷、《唐明律合编》四十卷、《服制备考》四卷。其中《读例存疑》一书，“由刑部恭呈御览，刊刻行世。”对当时司法界断案处狱裨益极大。

光绪十九年（1893 年）十二月，薛允升补授刑部尚书。清代的刑部是皇帝掌握下的全国最高司法审判机关，主持和经办全国范围的司法审判事务。虽然清存在所谓刑部审判、都察院监察、大理寺复核的“三法司”，但实际上是部权独重。所谓“清则外省刑案，统由刑部核复。不会法者，院、寺无由过问，应会法者，亦由刑部主稿。在京讼狱，无论奏咨，俱由刑部审理，而部权特重。”可以说，司法审判权总之于刑部是加强集权主义政治体制的一种形式。但也无形中增强了刑部尚书的权与责。薛允升领命后，深知自身职责的重大与艰辛。

咸丰（1851—1861 年）以后，尤其是慈禧当政、李莲英得宠时，国势江河日下，纪纲败坏，清初严禁阉人干预政务的禁令早已被视作过眼烟云。在朝廷纵容下，太监们刁蛮索诈，胡作非为，捕吏等畏其声势，不敢拿办。在此等情形愈演愈烈的光绪朝后期出任刑部尚书，不啻于任重道远的崎旅之行。而一场轰动京城的太监寻衅斗殴流血事件，将薛允升，推到直接与当朝老佛爷慈禧一较高低的漩涡中心了！

光绪二十二年（1896 年）四月十八日上午，永和宫太监李苌材、储秀宫太监张受山、范连源、钟粹宫太监阎葆维等在北京正阳门外的大栅栏内的庆和戏园寻欢作乐时，欲强行抢占已有人预订的临窗雅座，与人发生冲突。事后他们又分别邀集太监多人，执刀持械地前往戏园寻殴泄愤，并捣毁了戏园，在园中伙计的多方劝解，甚至叩头流血的央求下，才罢手，被请到了鲜鱼口天全茶馆吃茶。

庆和戏园掌柜在戏园混乱时跑到专司社会治安的中城都指挥衙门报案，副指挥杨绍时见事主报案，无法推诿，便委派中城练勇局队长赵云起率领二十名兵勇，身穿号衣，前往弹压。不料太监们见到兵勇，竟狗急跳墙地动武厮杀拒捕。在血腥的混战中，不仅兵勇连连受伤，甚至队长赵云起还被张受山用刀连刺要害，倒在血泊中。一见出了人命，太监企图逃跑，但太监的暴行，激怒了围观的群众。大家一拥而上，当场擒住了李苌材、张受山、范连源、阎葆维等，而太监李来喜、王连科、吴得演却乘乱溜回了紫禁城。

赵云飞身受重创，次日殒命。尸身经过详细检验，确系被刺中要害而毙命。押临尸检现场的凶手们也无话可说，当场画押具结。清制规定，凡太监犯罪，轻者交内务府慎刑司查办处置，需判徒刑以上重罪者则由刑部审理。此案人命关天，当即由指挥衙门将罪犯羁押，审讯时，太监等无可抵赖，供认不讳。

案情审明，都察院巡视中城的给事中桂年递上一本奏章，向朝廷详细禀报太监在外结伙逞凶，殴伤弁勇殒命，请交刑部审办，以期少挽刁风。当时光绪帝亲政不久，正苦于政治腐败，意欲变法图强。他见了桂年的奏折，勃然大怒，于四月二十二日发下一道谕旨："该太临等胆敢拒伤勇丁，并将队长赵云起砍伤毙命，实属不法已极，必应从严惩办！所有拿获之太监李苌材、张寿山、阎葆维、范连源、陈禾钰等六名，著交刑部严加审讯，按律定拟；并究明在逃余党，一并饬拿，务获究办。"并强调刑部应"遵照康熙年间谕旨，从严定议具奏"。

圣旨传下，刑部遵命，立即接收全部人犯及凶器等证物，由刑部汉族领班尚书薛允升主持审讯。刑部审理了在押各犯，又邀同大理寺、都察院会审，案情昭然若揭，历历如绘。薛允生"援光棍例分别首从定拟"五月二十四日三法司联衔具奏，"太监纠众逞凶，刃伤捕人，按律从严定拟一折，太监李苌材、张受山均拟斩立决，阎葆维、范连源均拟斩监候，秋后处决。毕汶碌、陈禾钰发放边疆"。

三法司本是奉光绪帝严旨定拟的，估计应无异议，便事先在菜市口搭好席棚，布置法场，只待御笔一批，即刻开刀问斩。关于太监肇事拒捕行凶的消息早在京城中传得纷纷扬扬，人人切齿。因此问斩肇事太监的消息透露出来，道路传闻，人人称快，男女老幼络绎不绝趋聚菜市口，摩肩接踵，不止万人。

但是时近正午，紫禁城中仍是一潭死水般毫无动静。刑部大员知道出了枝节，骑虎难下，无奈只得将一名械斗犯推出斩首，草草了事，玩了一出偷梁换柱的把戏，民众议论纷纷。原来是大太监李莲英出面向西太后求情，西太后专权擅断，视法律为儿戏，便从中干预。“老佛爷”出面阻挠，光绪帝怎敢违抗，只好把三法司的奏折压下不批，将有关文件恭呈西太后御览。

犯罪的太监要杀要留，在慈禧看来易如反掌，无奈坚持从严处理的大员们援引康熙、道光的谕旨为据，“祖制”是不能公然废弃的，西太后很为难。最后，挖空心思找出了一条道光时颁布的“伤人致死，按律问拟”的律例，不管相干与否，就以之为借口，指示光绪帝渝令刑部从轻议罪。

刑部尚书薛允升见朝廷朝令夕改，出尔反尔，心中极为不快；加上群情激愤，民怨沸腾，弄得他心神不宁。这时，李莲英又说动一些要员登门造访，软硬兼施，劝他通权达变，改弦易辙。但薛允升毕竟是位正直廉明的官吏，终于决定上书陈言，据理抗争，他持律断案的立场是“以饬法明刑为要，而刑法之允协，以情真罪当为先”。在他亲笔缮写的奏折中，薛允升先是婉词讽谕光绪帝命再行定拟是“臣亦知皇上是钦恤刑章之意，非轻纵寺宦之心。然而天下不知，不以为圣主之慎刑，而以为臣部之纵恶”。紧接着笔锋一转，开始细细剖析太监拒捕行凶，不是谋故斗杀，不应援用“伤人致死，按律问拟”的律例；又说此次从严定罪，本是奉旨而行，“私心窃谓当可上邀允准，岂知办理过严，亦有未惬圣心之处。总由臣等拘滞鲜通，不能仰体圣主钦恤哀矜之意，已觉有愧于心。倘因此又复迁就其词，依违定谳，致情法不得其平，并置初奉谕于不顾，则负咎更深。此臣等所以几经筹画，几经详审，而不敢冒昧从事者也”。最后薛允升郑重声明“立法本以惩严”，如果朝廷果真要肃清左右，裁处不法，就应批准三法司原奏；如果要“法外施仁”，那爱怎么办都行，“非臣等所敢率行定拟也!”

这一奏章，有理有据，锋芒毕露，慈禧心中不满又不便出口。最后，只得同意处斩太监张寿山，把李苌材改为判处“斩监候”，到了秋后，又降旨“列入缓决”，从轻发落了。其他罪犯，虽被流放，却都保住了性命。

这个轰动一时的大案表面上就此了结，实际上并未结束。慈禧太后和李莲英把薛允升视作眼中钉，必欲拔除而后快。先是授意都察院的御史参劾薛允升贪赃枉法，吏部一查，全属子虚乌有。此计不成，又生一计，以薛允升在天津的侄子薛济有不法行为，他本人“不知避嫌，降三级调用”。第二年，薛允升索性以养老为由，收拾行囊，携带家小，回陕西老家养老了。赋闲三年，再度被起用，任职刑部，但次年即病卒。

【解读】

薛允升，一代清官廉吏。在他死后，清廷称他“刑部尚书薛允升，持躬清介，练达老成。由部曹简放知府，历任监司，洊跻卿贰，补授刑部尚书。治狱廉平，克称厥职。兹闻溘逝，轸惜殊深！”虽寥寥几句，却高度概括了薛允升一生的刚正、廉洁，毫无溢美之处。

子文办案

【名言】

进不失廉，退不失行。

——《晏子春秋·内篇·问上》

【故事】

子文是春秋时楚国的令尹（楚国掌握政治事务的最高官员），他办事公道，执法严明，正直无私。

一次，掌管刑狱的廷理逮捕了一名犯人，审讯中，那犯人如实地招了供，最后，又战战兢兢地乞求说："小人做下此孽，实属罪有应得，无论如何处治，我都绝无怨言；只是恳请大人，千万不要将我的事告于令尹知道。"

廷理听了，感到很奇怪，大声喝道："大胆！你小小一个囚犯，也敢提及令尹大人？"

"大人容禀，因为令尹大人和小人是族亲，他平时素来对我们就管得很严，这会儿要是听小人犯罪，岂不是要动怒么？倘若气坏了身子，小人我怎么担待得起，所以……"

"此话当真？"廷理对那犯人的话有些将信将疑。

"没有半句假话。"那犯人说。

听到这儿，廷理心想：此人既是令尹大人的族亲，我如何惹他得起，倒不如送个人情了事。想到这里，便对那人说："这次看在令尹大人的面子上，且饶了你，以后你倘若再敢造次，那可就难办啦！"说着，便打开刑具把他放了。

那人连忙叩头谢恩，随后，连滚带爬地出了府衙。

不久，子文知道了这件事，立即派人把廷理召来。廷理原以为子文会好好地谢他，便喜滋滋地来了。

子文见廷理来了，瞥了他一眼，问道："听说我的一个族人的案子是你审理的？"

廷理连忙答道："是的，大人。不过，我已将他放了。"

"你不是将他逮捕了吗，怎么又放了呢？"子文故作不解地问。

廷理表现出一副十分内疚的样子，毕躬毕敬地回答子文说："原先下官不知道他和您的关系，所以多有冒犯，请大人海涵。"

子文听到这儿，十分生气地责备道："你真糊涂啊！国家设置廷理这个职位，就是为处治违法犯罪的人。一个正直的廷理就应当秉公办案，执法如山；可你却违背法律，屈服于权势，无端地宽容了犯罪之徒，这是天理难容的事啊！"接着又说："那个人明明犯了法，就因为我的关系，就放了他，这不等于是在告诉天下的老百姓，我子文是一个徇私枉法的人吗？"

子文义正辞严的一番话，说得廷理哑口无言。随后，子文又立即派人把那个犯法的族人抓了来，亲自交给了廷理，让廷理依法处治了他。

这件事，很快在楚国的老百姓中传开了，大家都夸赞子文办事无私，执法公平，严于律己。

【解读】

子文秉公办案，执法如山，不护族亲，表现了一个执法者办事无私、执法公平的高尚风范。这样维护法律的执法者是国家最有力的捍卫者，如果国家的各级执法者都能做到这一点，何愁国家不兴盛，社会不太平。

盖勋的公与私

【名言】

公家之利，知无不为，忠也。

——《左传》

【故事】

盖勋字元固，敦煌郡广至县（今甘肃安西县西南）人，东汉末期著名的清官。在盖勋任汉阳郡长史（太守的属官，掌管一郡兵马）不久，梁州刺史梁鹄即来求见。

见面后梁鹄告诉盖勋："武威郡的一个小吏呈状告发他的上司何太守，说他贪赃枉法，草菅人命。"梁鹄又告诉盖勋武威郡的何太守是当朝太后的内亲，在朝中很有势力。最后梁鹄又告诉盖勋告发何太守的小吏叫苏正和。盖勋听到苏正和后陡然色变。多年前，盖勋和苏正和曾为了一件事结下冤仇。盖勋一直怀恨在心，总想寻找机会教训一下这个苏正和，现在机会来了，可是这件事该怎样处理呢？

梁鹄对盖勋讲："何太守朝中有人，得罪不得，我想不妨给那苏正和诬告上司之罪，投入牢狱，这样一来我们既能讨好何太守，又能给您报仇，您看怎么样？"

盖勋一下明白了，梁鹄因怕得罪权贵，丢掉乌纱帽，便设下这杀人灭口之计，来找他商量，是要与之合谋，日后好互相包庇。盖勋素来公正廉明，他岂能因私仇而与其同流合污，他发起怒来，"苏正和秉公行事，告发赃官，光明磊落，怎么能因他是我的仇人便不分良莠，欲置他于死地呢？"盖勋接着说："梁大人，你这样做，难道于心无愧么？"

盖勋这样一讲，圆滑的梁鹄急忙陪笑，改口说道："盖大人说得极是，怎能诬良为奸，颠倒黑白呢！卑职回去，立即秉公审处此案。"

梁鹄回衙后，果真将何太守缉拿归案，但后来还是从轻发落，并未定罪。

不久，苏正和知道了这件事，他非常感激盖勋的宽宏大量，特地去登门拜谢。

不料，苏正和吃了一顿闭门羹。盖勋传话出来："公事是公事，私仇是私仇，我不是庇护你苏正和，而是维护法纪，你别以为我已经忘却了对你的仇恨!”

【解读】

公是公，私是私，公私分明，不把私人的恩怨带进公事里面，也不要把公事卷进私人的恩怨里，这是另一种值得赞誉的公正。公报私仇，挟私报复，都是不齿的卑鄙行为。

用思想诠释自由

俄国著名的作家巴尔扎克说过：一个有思想的人，才真是一个力量无边的人。这句看似浅显的话，却道出了思想的本质——有了思想，能使人变得强大。

在人类的历史上，出现了许多思想家，他们在自己的学说和著作中，充分地阐述了关乎自然及社会各个方面的思想学说。这些深奥的思想学说，打破了禁锢心灵的枷锁，他们用思想诠释着自由，也深深地影响了人类历史的进程。

追求思想自由的圣人

【名言】

想左右天下的人，须先能左右自己。

——苏格拉底

【故事】

苏格拉底出生于雅典一个普通公民的家庭。苏格拉底虽然有笨拙而矮小的身体，但却拥有出众的思想。他早年继承父业，从事雕刻石像的工作，后来研究哲学。他在雅典和当时的许多智者辩论哲学问题，主要是关于伦理道德以及教育政治方面的问题。他被认为是当时最有智慧的人。

苏格拉底曾三次参军作战，在战争中表现得顽强勇敢。此外，他还曾在雅典公民大会中担任过陪审官。在雅典恢复奴隶主民主制后，苏格拉底被控，以藐视传统宗教、引进新神、败坏青年和反对民主等罪名被判处死刑。他拒绝了朋友和学生要他乞求赦免和外出逃亡的建议，饮鸩而死。

在欧洲文化史上，苏格拉底一直被看作是为追求真理而死的圣人，多年来他被认为是反民主的、维护反动的奴隶主贵族利益的哲学家。

青少年时代，苏格拉底曾跟父亲学过手艺，熟读《荷马史诗》及其他著名诗人的作品，靠自学成了一名很有学问的人。他以传授知识为生，30 多岁时做了一名不取报酬也不设馆的社会道德教师。许多有钱人家和穷人家的子弟常常聚集在他周围，跟他学习，向他请教。苏格拉底却常说："我只知道自己一无所知。"

苏格拉底一生过着艰苦的生活。无论严寒酷暑，他都穿着一件普通的单衣，经常不穿鞋，对吃饭也不讲究。但他似乎没有注意到这些，只是专心致志地做学问。

苏格拉底终生从事教育工作，具有丰富的教育实践经验并有自己的教育理论。但是他并没有创办自己的学校。广场、庙宇、街头、商店、作坊、体育馆等，都是他施教的场所。青年人、老年人、有钱人、穷人、农民、手艺人、贵族、平民，都是他施教的对象，不论是谁，只要向他求教，他都热情施教。当时的其他教师——智者，是收取学费的，他们以当教师作为赚钱的手段，而苏格拉底教人是不收学费的，他是为城邦的利益而教人，是义务教师，因此苏格拉底一生都很清贫。

他认为，教育对一个人的成长非常重要，无论是天资比较聪颖的人还是天资比较鲁钝的人，如果他们决心要得到值得称道的成就，都必须勤学苦练才行。

苏格拉底的教育目的是造就治国人才。伯里克利死后，雅典由于没有好的领导人，民主制度变成了极端民主化，变成了无政府主义，连国家领导人都用抓阄或抽签的办法选出来。苏格拉底对此十分痛心。他认为治国人才必须受过良好的教育，主张通过教育来培养治国人才。为了培养治国人才，他付出了毕生的精力。关于教育的内容，他主张首先要培养人的美德，教人学会做人，成为有德行的人。其次要教人学习广博而实用的知识。他认为，治国者必须具有广博的知识。他说，在所有的事情上，凡受到尊敬和赞扬的人都是那些知识最广博的人，而受人谴责和轻视的人，都是那些最无知的人。最后，他主张教人锻炼身体。他认为，健康的身体无论在平时还是在战时，对体力活动和思维活动都是十分重要的。而健康的身体不是天生的，只有通过锻炼才能使人身体强壮。

在教学的方法上，苏格拉底通过长期的教学实践，形成了自己一套独特的教学法，人们称之为“苏格拉底方法”，他本人则称之为“产婆术”。他母亲是产婆，他借此比喻他的教学方法。他母亲的产婆术是为婴儿接生，而他的“产婆术”教学法则是为思想接生，是要引导人们产生正确的思想。

“苏格拉底方法”自始至终是以师生问答的形式进行的，所以又叫“问答法”。苏格拉底在教学生获得某种概念时，不是把这种概念直接告诉学生，而是先向学生提出问题，让学生回答，如果学生回答错了，他也不直接纠正，而是提出另外的问题引导学生思考，从而一步一步得出正确的结论。

苏格拉底倡导的问答法对后世影响很大，直到今天，问答法仍然是一种重要的教学方法。

苏格拉底的学说具有神秘主义色彩。他认为，天上和地上各种事物的生存、发展和毁灭都是神安排的，神是世界的主宰。他反对研究自然界，认为那是亵渎神灵的。他提倡人们认识做人的道理，过有道德的生活。他的哲学主要研究探讨的是伦理道德问题。

苏格拉底无论是生前还是死后，都有一大批狂热的崇拜者和一大批激烈的反对者。他一生没留下任何著作，但他的影响却是巨大的。哲学史家往往把他作为古希腊哲学发展史的分水岭，将他之前的哲学称为前苏格拉底哲学。做为一个伟大的哲学家，苏格拉底对后世的西方哲学产生了极大的影响。

【解读】

苏格拉底（公元前469—前399年），古希腊著名的哲学家，他和他的学生柏拉图及柏拉图的学生亚里士多德被并称为“希腊哲学三贤”。他被后人广泛认为是西方哲学的奠基者。

苏格拉底出身古雅典一个手工业者家庭，靠自学成才，成为古希腊的著名哲学家，培养了柏拉图、亚里士多德这些学生与门人，影响是巨大的。但在年迈时，被古雅典法庭以不信宗教的神和腐蚀青年思想的罪名判处死刑，是历史上第一个哲学殉道者。

宁做自由之龟

【名言】

世上最初本没有生命，连形体也没有，只是经过变化才产生生命。

——庄 子

【故事】

一天，庄子正在涡水垂钓。楚王委派的二位大夫前来聘请他道：“吾王久闻先生贤名，欲以国事相累。深望先生欣然出山，上以为君王分忧，下以为黎民谋福。”庄子持竿不顾，淡然说道；“我听说楚国有只神龟，被杀死时已三千岁了。楚王珍藏之以竹箱，覆之以锦缎，供奉在庙堂之上。请问二大夫，此龟是宁愿死后留骨而贵，还是宁愿生时在泥水中潜行曳尾呢?”二大夫道：“自然是愿活着在泥水中摇尾而行啦。”庄子说：“二位大夫请回去吧！我也愿在泥水中曳尾而行哩。”

庄子是战国中期道家学说的集大成者。庄子曾做过小吏，但他家境贫穷甚至靠借贷度日。庄子学识渊博，对当时各派学术都有研究，尤其是宇宙本源和万物产生的问题，庄子更是花了大力气进行探索和研究。

他认为，世间万物皆出于“道”，“道”能生化万物，它无时无刻不在运动和变化，并有着自己的运动规律。“道”是一种看不见、摸不着，能自动产生并且永不会毁灭的东西。他认为“道”不但无形，还“无为”。他还认为，天道自然，主张人也应该顺应自然，否则就会违逆万物的本性。庄子的妻子死时，惠施前去吊唁。他看到庄子坐在地上，边敲瓦盆边唱歌，就说：“你妻子跟你过了一辈子，为你生儿育女辛苦一生，现在她死了，你不哭就够可以了，还唱歌，这恐怕太过分了。”

庄子说：“不是这样，她刚死时我怎能不伤心呢？但后来我想到世上最初本没有生命，连形体也没有，只是经过变化才产生生命。人死了在天地间如同睡觉一般安稳，我还要哭她，这是不懂天命的自然变化啊！”

庄子看破红尘，不愿为官。据说，楚威王听说庄子才学很高，就派使者带厚礼请他做国相。庄子却对使者说：“你还是赶快走开，我宁愿像乌龟一样在泥塘里自寻快乐，也不愿受一国之主的约束。”

这些故事都反映了庄子的世界观，即使人的生死为自然规律，生不足乐，死不足悲；蔑视权贵，追求天人合一的理想境界。庄子生活的时代，各诸侯国为了兼并对方互相混战不休，战争的规模和激烈程度都超过以往的时代，因此庄子的超脱厌世思想也更趋极端。他甚至认为人兽杂处的时代是至德之世。

《逍遥游》、《齐物论》是庄子留给后人的哲学巨著和文学杰作，是珍贵的古代文献。庄子用奇妙的寓言和生动的词语描述自己的思想。《逍遥游》中有一则寓言讲：北海有条大鱼，名鲲，个子大得不知有几千里，它一变而成鸟叫鹏，鹏的背不知有几千里长。鹏奋起飞翔，翅膀像从天上垂下来的云彩。鹏趁着海水震荡飞往南海，激起 3000 里海浪，掀起旋风，盘旋而上，飞到 390000 里高空。小雀们听说后嘲笑大鹏说：“它何必飞那么远呢？我向上飞还不过几丈高就落下来，在蓬草香蒿中翱翔，已经是飞的顶点，还要飞到哪里去呢？”小雀不理解大鹏而嘲笑它。庄子认为，不论是大鹏雄飞万里，还是小雀腾跃蓬蒿之间，只是大小差别，其实它们都要受到时空的限制。只有想不受时空局限而任意邀游的人才能进入“无所待”的绝对自由境界——消遥游。

庄子塑造了一个最典型、最美好的人物。他描述道：在藐姑山上住着一位女子，她的皮肤像冰雪一般洁白，丰姿像处女一般秀美，不吃五谷，只吸风饮露，平日乘着云气，驾着飞龙，在四海之外遨游。她的精神凝聚专一，能使万物免受病害。她同万物融为一体，洪水涨到天一样高也淹不着她，大旱时山石都烤焦了，她也不感觉热。这就是庄子所追求的绝对自由境界。人们平时的是非之争、唇枪舌剑，在庄子看来都是劳心骨而无谓的。

庄子认为天地万物和人浑为一体，都是“道”派生出来的，本质是一样的，于是就有了《齐物论》中庄周化蝶的寓言。一次庄周做梦时，梦见自己变成了一只蝴蝶，翩翩起舞，感到很惬意，竟忘了自己是庄周。过了一会儿他醒了，感到惊疑不定，不知怎么又变成庄周了。于是，他弄不清自己到底是庄周做梦或是蝴蝶做梦了。这则寓言其实意在说明庄周也罢，蝴蝶也罢，外形虽变，其实质“道”没变。

庄子还说，天下没有比鸟兽新生的羽毛尖端再大的东西了，而泰山是最小的，没有比夭折的孩子更长寿的，而寿至800岁的彭祖则是短命鬼。这种说法恰与人们的常识相反。庄子认为，虽然事物千变万化给人以万物各异的感觉，如果能认识到事物本质都是“道”，万事万物就并同了。这就是他的齐物论。

纵观庄子学说，他的宇宙观、人生观都处于唯心主义的范畴内，但在认识论方面，庄子的思想闪耀着辩证的光辉。他的《庄子》一书中有许多篇章都反映出，关于事物运动无时无刻、关于事物的相对性和对立事物的互相转化，他都有一定认识。有一则“河伯与海的故事”体现了这一点：说是黄河之神河伯，由于黄河水面非常宽阔而洋洋自得，认为自己所管的是天下最壮观的水域。可是当他来到北海，看到海水汪洋广大无比，不禁十分惭愧，并向北海之神海若讲了自己的认识和转变。海若赞许地说："人们的狂妄自大是受了环境和眼界的限制。北海是天下最大的水域，但我从不以此自傲，因为北海在天地之间不过像泰山上的一块小石头。人只是世间万物的一种，一切事物的大小都是相对的，既有无穷大，又有无穷小。"

庄子当时已经接触了宏观世界和微观世界的问题。他把道家哲学思想用妙趣横生的寓言来阐述，含义深刻且想象力惊人。比如他说过这样一则寓言：任公子钓大鱼，用巨大的鱼具和 50 头牛的肉作钓饵，坐在会稽山顶，钓东海的鱼。钓了一年，钓起大鱼后，任公子将鱼分给浙江以东至湖南九嶷山的人吃肉。这则寓言构思奇特，启示人们只有那些有远大理想、才识过人而又不急于求成的人，才可大有作为。

【解读】

庄子（约公元前 369—前 286 年）名周，字子休，战国时宋国人。庄子既是一位富有特色的伟大哲学家，同时又是一位浪漫主义诗人，他总是用诙谐幽默而又生动的语言组织一些寓言来表达自己的思想。他的文章汪洋恣肆，变化无端，而又诡异多变，堪称老庄哲学的楷模。

庄子融合了道家的朴素唯物主义思想，继承并发扬了老子的哲学思想，并且他的学说涵盖着当时社会生活的方方面面，以清净无为为基点，同时为道教的发展提供了理论基础，后世将他与老子并称为"老庄"，称他们的哲学为"老庄哲学"。

在哲学世界里徜徉

【名言】

读史使人贤明，诗歌使人高雅，数学使人高尚，自然哲学使人深沉，道德使人稳重，而伦理学和修辞学则使人善于辩论。

——培　根

【故事】

培根16岁时，由于父亲的关系，他被指派为英国大使的随员到法国访问。在访问期间，培根有机会学习法国的一些本土文化，并且他还熟练地学会了法语，这让与他同行的几个人都很惊讶，他不但去了法国，还去了波兰、瑞士等国，于是他根据自己的见闻写了一本《欧洲札记》。在欧洲访问这两年，培根把自己定位在仕途，因此他有意无意地锻炼自己的口才，练习演讲，并且在外面他也总是抱着法律典籍进行学习，努力考取律师资格证。这对于他以后的发展有很大的帮助。

培根18岁时，一件意外的事发生了，他父亲由于染病不治身亡。由于父亲的去世，家境开始日渐窘迫，因此他不得不开始外出谋生。没过多长时间，培根考取了律师资格证，开始的时候给别人做辩护律师，由于他以前出色的演讲以及口才锻炼，因此在辩护方面异常出色，很多人都请他做辩护律师。而培根的最大愿望就是从政，当律师也有很大的机会从政，因此他认识了很多的议员及法官。这时培根的思想已经趋于成熟，有着自己的见解，不会人云亦云。即使面对古希腊哲学家提出的一些经典而晦涩的哲学问题，培根都能用自己的见解来解答。

培根 23 岁时当选为英国下议院议员，开始了自己的仕途生涯。由于他出色的口才，很多人都来看他在国会上发言。培根很有才华，还有很多官场朋友，因为他反对伊丽莎白女王的决议，注定在仕途上没有太大的发展。伊丽莎白女王去世后，詹姆士一世很欣赏培根的才华，便任命培根为副检察长，培根才真正走上了仕途。他还对文学的爱好以及对哲学思想的思考始终没有放弃。这时的英国，学者云集，由于很多人的视力不是非常好，培根想帮助他们恢复视力，但是苦思冥想后也没有什么好的方法，为此，他作了不少试验但都没有成功。一天雨后，培根到花园散步，看到蜘蛛网上沾了不少雨珠，他发现透过雨珠看树叶，叶脉竟然放大了不少，连树叶细细的毛都能看得见。他看到这个现象十分高兴，培根回到家找了一颗玻璃球，透过玻璃看书上的文字还是模糊不清。这时他找来一块金刚石和锤子，把玻璃切成薄薄的一片，文字竟然放大了。然后他又找了木片钻了个孔把玻璃安上去。这样，世界上第一个近视镜就这样发明出来了。

培根在仕途上是平步青云的。没多久，他成为正式检察长，并担任了父亲曾经担任的掌玺大臣。不久又成为大法官，各方的荣誉开始汇聚到培根的身上。但不幸的是，由于他接受了一些贿赂，被别人控告，最后被剥夺了官职并被罚金，他的政治生涯算是结束了。

培根回到家中，开始了自己的著述，几个月的时间里他就写出了《亨利七世本纪》一书，这是一部关于历史方面的本纪，被后世的历史学家誉为近代史学的里程碑。不久他又写出一本关于理想社会建设的书《新大西岛》，但由于一些原因没有写完。在他逝世后被整理出来的书有：《论事物的本性》、《迷宫的线索》、《各家哲学的批判》、《自然界的大事》、《论人类的知识》等。

【解读】

培根（1561—1626 年），是英国著名的哲学家、思想家、文学家。他是近代哲学史上首先提出经验论原则的哲学家。他重视感觉经验和归纳逻辑在思维过程中的作用，开创了以经验为手段，研究感性自然的经验哲学的新时代，对近代科学的建立起了积极的推动作用，对人类哲学史、科学史都作出了重大的贡献。为此，罗素尊称培根为“给科学研究程序进行逻辑组织化的先驱”。

古典哲学的创始人

【名言】

有两种东西，我对它们的思考越是深沉和持久，它们在我心灵中唤起的惊奇和敬畏就会越日新月异，不断增长，这就是我头上的星空和心中的道德定律。

——康　德

【故事】

康德的父亲是一个马鞍匠，父母都是信仰新教的虔信派教徒，虔信派强调宗教的精神，重视虔诚的信仰感情，康德小时候的精神世界受到很深的虔信派影响。

8 岁时，康德开始上学，学校提倡的是人文主义教育，反对宗教带给人的思想上的僵化。学校的教育改变了康德的宗教态度，他从此开始一生都对宗教祈祷和教堂唱诗感到反感。也是由于学校的教育，他开始怀疑建立在感觉与感受上的宗教，他的宗教哲学简单地来说也是对虔信派的一种反动。

1740 年，康德进了哥尼斯堡大学。人们现在无法考证他当时注册了什么专业，但可以肯定的是他经常听哲学课。1748 年，24 岁的康德大学毕业，因为他的父亲已经去世两年，他衣食无托，前途渺茫。由于大学没有他的位置，他决定到哥尼斯堡附近的小城镇去做家庭教师。

在做家庭教师期间，他发表了第一本著作——《关于生命力的真实估计之思考》，内容是关于笛卡尔、牛顿和莱布尼茨提出的哲学与科学命题。度过 5 年的家庭教师生涯后康德重返哥尼斯堡，从此他再也没有离开过家乡。返回家乡后，康德再次进入哥尼斯堡大学学习。1755 年，康德以“自然通史和天体论”获得硕士学位，取得编外讲师资格，任讲师 15 年。在此期间，康德作为教师和著作家，声望日隆。除讲授物理学和数学外，还讲授逻辑学、形而上学、道德哲学、火器和筑城学、自然地理等。学生的听课费就成了他的生活来源。因为康德的课很受欢迎，愿意听他的课的学生也多，因此他在生活上也达到了衣食无忧。

康德的著述和讲课使他成为一个受人尊敬的哲学家，他的影响开始走出哥尼斯堡，很多学生慕名而来成为他的弟子，其中最著名的便是与哥德和席勒一起成为魏玛古典派顶梁柱的赫尔德。尽管如此，康德很长的时间里没有得到教授职位，其间他拒绝了哥尼斯堡提供给他的诗学艺术教授聘书。他还拒绝了来自埃尔朗根大学和耶拿大学的教授聘书，他只愿意在哥尼斯堡大学担任哲学教授，因为他不愿意离开家乡，而且身体状况也不允许他迁居他乡。

1770 年，康德在 46 岁时终于获得了哥尼斯堡大学逻辑学与形而上学教授一职，他的就任报告题目是《感性与知性世界的形式与根据》。当上教授以后，康德沉寂 10 年没有发表一篇文章，而是潜心研究他的批判哲学。1781 年，他发表了《纯粹理性批判》，仅凭这一部著作，康德就可以奠定他在哲学史上的不朽地位。

康德的“三大批判”构成了他的伟大哲学体系，它们是：《纯粹理性批判》（1781 年）、《实践理性批判》（1788 年）和《判断力批判》（1790 年）。

《纯粹理性批判》要回答的问题是，我们能知道什么？康德的回答是，我们只能知道自然科学让我们认识到的东西，哲学除了能帮助我们澄清使知识成为可能的必要条件，就没有什么更多的用处了，自从柏拉图以来的形而上学问题其实是无解的。

《实践理性批判》要回答的问题是伦理学的问题，我们应该怎样做？简单地说，康德告诉我们，我们要尽我们的义务。但什么叫“尽义务”？为了回答这一问题，康德提出了著名的“范畴律令”、“要这样做，永远使得你的意志的准则能够同时成为普遍制订法律的原则。”康德认为，人在道德上是自主的，人的行为虽然受客观因果的限制，但是人之所以成为人，就在于人有道德上的自由能力，能超越因果，有能力为自己的行为负责。

《判断力批判》要回答的问题是，我们可以抱有什么希望？康德给出的答案是，如果要真正能做到有道德，我就必须假设有上帝的存在，假设生命结束后并不是一切都结束了。《判断力批判》中，康德关心的问题还有人类精神活动的目的、意义和作用方式，包括人的美学鉴赏能力和幻想能力。

1795 年出版的《论永久和平》应该是康德为人类贡献的最后一部有深远影响的著作，书中提出了世界公民、世界联邦、不干涉内政的主权国家原则等至今仍有现实意义的构想。

1804 年 2 月 12 日上午 11 时，康德在家乡哥尼斯堡去世。康德去世时形容枯槁，瘦得只剩下一把骨头，遗体放在那里，就像一个木乃伊。

而且他的遗体也确实像一个木乃伊，哥尼斯堡的居民排着长队瞻仰这个城市的最伟大的儿子。当时天气寒冷，土地冻得无法挖掘。整整 16 天过去后，康德的遗体才被下葬。

【解读】

康德（1724—1804 年），德国哲学家、天文学家、星云说的创立者之一、德国古典唯心主义的创始人，不可知论者，德国古典美学的奠定者。

当代德国著名哲学家、现代存在主义哲学奠基人卡尔雅斯贝斯将康德与柏拉图和奥古斯汀并列称为三大“永不休止的哲学奠基人”。

孟德斯鸠弃职转著述

【名言】

在一个人民的国家中还要有一种推动的枢纽，这就是美德。

——孟德斯鸠

【故事】

1689 年 1 月 18 日，在法国渡尔多附近的拉伯烈德的贵族世家中，诞生了一位未来的启蒙思想家，当时取名沙利·路易·德·斯龚达。后来他承袭伯父的封号，称孟德斯鸠男爵，而他的原名却很少再被人们提起。

孟德斯鸠早年就读于教会学校，中学毕业后专修法律，并终身与法律结下不解之缘。1708 年，他获得法学学士学位并出任律师。27 岁那年，他继承了伯父的世袭职务，成为波尔多法院院长。青年时代的孟德斯鸠对法院的诉讼业务兴趣甚少，致力于研究和写作，他不仅在法律、历史、哲学方面颇有造诣，而且喜爱自然科学，曾在波尔多科学院宣读过关于自然科学的论文。

由于经常出入波尔多和巴黎的上流社会，孟德斯鸠目睹封建专制主义的种种丑恶现象，滋长了不满情绪。1721 年，他匿名发表第一部重要著作《波斯人信札》，从多种角度抨击和讽刺了当时法国的专制制度与封建习俗。该书问世后，立即成为巴黎最为畅销的书，以至于有些书商在街头看到过路的文人，便一把拉住说："先生，请你替我写一部《波斯人信札》吧！"孟德斯鸠从此声名大震，成为法国文坛上的瞩目人物。

1726 年，孟德斯鸠以高价出卖了波尔多法院院长的职位，移居巴黎，专门从事研究和著述。1728 年，他获得了法国科学院院士的荣誉称号。为了开阔视野，他前往奥、匈、意、德、荷等国做长期的学术旅行。在英国考察期间，孟德斯鸠结交了休谟等著名学者，并深受洛克分权学说的影响。他还着重考察了英国的君主立宪制，参观了英国议会，对英国的宗教宽容和政治自由十分赞赏。

孟德斯鸠 1731 年回国后，定居于老家拉柏烈德庄园，埋头整理资料，潜心著述。3 年后，他出版了历史名著《罗马盛衰原因论》，首次提出了自己的社会理论，探索了历史上各种兴衰更替的基本原因，认为一个国家的兴盛与否主要是由政治制度和风俗习惯的优劣所决定。1748 年，孟德斯鸠出版了他一生中最重要的著作《论法的精神》。在这部划时代的巨著中，他全面系统地阐述了自己的哲学、社会学、法学、经济学和历史学观点，对专制政体和天主教会进行无情的批判，提出了他的君主立宪思想，论述了著名的三权分立学说，并强调法的作用，认为法律是理性的体现。他还提出了著名的地理环境决定社会形态的学说，成为资产阶级社会学中地理学派的创始人之一。

1750年，孟德斯鸠匿名发表了《为〈论法的精神〉辩护与解释》。4年后又为《波斯人信札》增添了11封信。1755年2月10日，这位伟大的思想家因病在巴黎逝世，享年66岁。

【解读】

在18世纪法国启蒙运动中，孟德斯鸠是与伏尔泰、卢梭齐名的杰出的启蒙思想家。他博学多才，在法学、政治学、历史学、社会学、经济学等方面都有建树。作为资产阶级国家学说和法学理论的奠基人，孟德斯鸠的社会政治理论产生了极为深远的历史影响。

尤其是他的三权分立学说为许多资产阶级国家所直接采用，成为资产阶级国家立国的基本宪政原则。美国在独立战争胜利后，把孟德斯鸠的分权理论写入了美国宪法。法国大革命中的《人权宣言》也明显地体现了他的思想。

智哲的改革政治家

【名言】

有平等就不会有战争。

——梭　伦

【故事】

梭伦（约公元前640—约前558年），古代雅典著名的政治家、改革家和诗人。

梭伦是雅典旧王族的后裔，但并不属于在雅典占统治地位的贵族奴隶主集团。青年时期，梭伦为避免破产，就去游历经商。他曾到过希腊和小亚细亚沿海各邦，积蓄了一些财产。他经商的原则是："我要财富，但我不要不义之财。"在那里，他漫游各地名胜古迹，考察各地社会制度、风土人情。逐渐成熟的梭伦了解到了下层人民的疾苦，扬弃了贵族派的骄矜。他以他的智慧、才学与品德结交了古希腊著名的哲学家、科学家泰勒斯等人，并与泰勒斯等被尊称为"七贤"，成为一名蜚声国际的著名人物。

梭伦在雅典政治舞台上显露头角并得到雅典人民的普遍尊重，是在雅典和美加拉争夺萨拉米半岛的时候。萨拉米半岛濒临雅典西海岸，是雅典的门户。两个城邦一直在争夺萨拉米半岛。公元前 6 世纪初，萨拉米半岛被美加拉占领。由于久战无功，国内政治斗争又十分复杂，雅典贵族奴隶主统治集团决定对外妥协求和。他们甚至还公布法令，宣布谁要重提争夺萨拉米之事，谁就要被处死。梭伦愤愤不平，他心生妙计，时常佯作疯癫，在市场中心大诵诗篇。一天，他将预先写好的《萨拉米》哀歌当众朗诵，并号召民众："起来，到萨拉米去，夺取那美丽的岛屿，洗雪我们的耻辱。"这激越的诗篇重新燃起了人民的爱国热忱和民族尊严。在民众的支持下，那条丧权辱国的法律被撤消了。年仅 30 多岁的梭伦被统治集团任命为指挥官，领导战斗。他智取萨拉米半岛，为国立了大功。

由于萨拉米半岛的收复，梭伦名声大振。公元前 594 年，他当选为雅典首席执政官，并掌握制定法律的最高权力。就职当年，梭伦就颁布了"解负令"，宣布取消一切公私债务，归还因债务抵押的土地，恢复因债务卖身为奴者的自由之身，并废除了以人身为债务抵押的制度。债务奴役制的废除扩大了奴隶主政权的社会基础，凡雅典公民皆为奴隶主阶级成员。

此外，他还按财产资格划分公民等级并规定相应政治权利。根据这个制度，全体公民分为“富农”、“骑士”、“兵士”、“雇工”。以财产多少来确定公民享有的政治权利，这样就废除了氏族贵族的政治特权。虽然贫民仍没有享受平等的权利，但工商业奴隶主同贵族一样参加了雅典国家的统治，从而打破了奴隶主贵族垄断政权的局面。在当时，雅典的这种奴隶主民主政治，是所有奴隶制国家中的一种“高度发展的国家形态”，是顺应历史发展潮流的。

梭伦的改革促使雅典的工商业、航海业和园艺业均有所发展，使工商业奴隶主登上了政治舞台，同时也改善了小农处境，并在法律中规定雅典各级人民平等。这可以说是雅典城邦走向奴隶主民主和法制时代的一个良好开端。随着梭伦声誉的日益提升，有人甚至劝他去做独裁者，但他坚定地拒绝了。他说：“独裁统治虽然是一个美好的职位，但没有道路可以走下来。”

一百年后，雅典人能够在马拉松平原和萨拉米湾打败貌似强大的敌人——波斯帝国，建立经济繁荣、文化昌盛的著名城邦，这些也都与梭伦的改革密切相关。难怪人们在他的塑像下刻下了这样的文字：“摧毁过无端骄横的波斯侵略者的萨拉米岛生育了梭伦，这位伟大的立法者。”

【解读】

梭伦是古代雅典的政治家，立法者，诗人，是古希腊七贤之一。梭伦在公元前 594 年出任雅典城邦的第一任执政官，制定法律，进行改革，史称“梭伦改革”。他的改革理念就是“节制、中庸、自由、平等、和谐”。

此外，梭伦还在诗歌方面也有成就，诗作主要是赞颂雅典城邦及法律的。他是古希腊最杰出的政治家之一，也是一位多才多艺的诗人。

集大成的民主立宪者

【名言】

不良礼仪有两种：第一种是忸怩羞怯；第二种是行为不检点和轻慢。要避免这两种情形，就只有好好地遵守下面这条规则，就是，不要看不起自己，也不要看不起别人。

——洛 克

【故事】

洛克在14岁以前没有进过学校，父亲对他进行了严格的启蒙教育。1646年，洛克在威斯敏斯特学校接受了传统的古典文学基础训练。1652年，他进入牛津大学学习，于1656年、1658年分别获得学士和硕士学位。在牛津期间洛克对盛行于校园的经院哲学不感兴趣，而比较喜欢笛卡尔的哲学以及自然科学。

1666年洛克遇到了莎夫茨伯里伯爵，并成为伯爵的好友兼助手。在此期间洛克开始了其一生最重要的哲学著作《人类理智论》的创作。1675年，洛克因为繁重的工作损害了健康，到法国休养了三年，于1679年返回伦敦，继续在伯爵身边担任秘书。1682年莎夫茨伯里伯爵因卷入一次失败的叛乱而逃往荷兰，洛克也随行。伯爵在翌年去世，而洛克直到1689年才返回英国。在荷兰期间洛克隐姓埋名，完成了包括《人类理智论》在内的多部重要著作。回到英国后，健康不佳迫使洛克到乡下休养，这时他娶了一位年轻的太太。他连续发表了《论宽容异教的通讯》（1689 年）、《政府论两篇》（1689 年）和《人类理智论》（1690 年），形成了一个关于哲学、政治、宗教和伦理思想的完整体系。

洛克是自培根和霍布斯以来英国唯物主义经验论发展的集大成者。他抛弃了笛卡尔等人的天赋观念说，认为人的心灵开始时就像一张白纸，而向它提供精神内容的是经验（即他所谓的观念）。观念分为两种：感觉的观念和反思的观念，前者来源于感官对外部世界的感受，后者则来自于心灵观察本身。在政治思想理论上，洛克驳斥了君权神授的主张，主张政府的权威只能建立在被统治者拥护的基础之上；他支持社会契约论，提倡个人财产的合理性，认为个人有权拥有通过劳动获得的合法财产；他第一个倡导权力的分配思想，认为行政与立法应当分开，而且立法机关应当高于行政机关，这在以后被孟德斯鸠发展成了三权分立学说。洛克的自由主义被美国奉为神圣，成为民族理想。他的思想深深影响了托马斯·杰弗逊等美国政治家，并且在美洲引发了革命浪潮。洛克的影响在法国则更为激烈。伏尔泰是第一个将洛克等人的思想传到法国去的人，法国后来的启蒙运动乃至法国大革命都与洛克的思想不无关系。

洛克晚年曾经带病接受公职，从 1696 年起任英王政府的商业监督官。他于 1700 年退休，1704 年逝世，享年 72 岁。

【解读】

洛克是英国哲学家、经验主义的开创人，同时也是第一个全面阐述宪政民主思想的人，在哲学以及政治领域都有重要影响。

洛克在他有限的 72 年生命中，一直致力于研究民主立宪，目的就是给人民以最大的自由空间，获得平等的人权。

主张废除契约的民主主义者

【名言】

为了学会思想，就需要锻炼我们的四肢，我们的感觉和各种器官，因为它们就是我们的智慧的工具；为了尽量地利用这些工具，就必须使提供这些工具的身体十分强健。所以人类真正的理解力不仅不是脱离身体而独立形成的，而是有了良好的体格才能使人的思想敏锐和正确。

——卢　梭

【故事】

卢梭小时和姑妈生活在一起，在姑妈的指导下，他从小就阅读了很多古希腊和古罗马的名人传记和抒情小说，获得了丰富的知识。10岁时，他被送到朗贝尔西埃的牧师家里住了两年，学会了拉丁文。12岁时，在一个公证人那里做仆人。1725年至1728年间，他在一个性格暴戾的雕刻匠店里做学徒兼杂役，生活艰辛，不时受到主人的鞭笞，最后不堪忍受，弃职逃走，从此过起了颠沛流离的生活。

1728年，16岁的卢梭流浪到萨瓦。1740年到里昂。两年后又来到巴黎。直到1750年7月，第戎科学院宣布他的论文《论科学和艺术是否败坏或增进道德》获得第一名，卢梭才开始在社会上享有声誉，成为哲学界的著名人物。成名之后，卢梭改变了生活方向，放弃对财产和声誉的追求，永远保持贫困和独立。1752年，他创作的歌剧《乡村魔术师》上演后获得巨大成功，演出的第二天，法国国王路易十五赐予他一笔年金，但他拒绝接受。

1755 年，卢梭发表《论人类不平等的起源和基础》，抨击私有制，提出暴力支持暴君，暴力也推翻暴君的辩证思想。这以后，他患了一种受迫害的妄想症，遭受了严重的病痛折磨。在 1761 年至 1762 年间，他完成了自己最重要的三部著作：《新爱洛绮丝》、《爱弥儿》和《社会契约论》。《新爱洛绮丝》通过叙述平民出身的少年圣・普洛和贵族女儿朱丽叶的悲剧爱情，揭示了社会伦理道德的冲突。《爱弥儿》认为一个人生下来就是完美的，教育者的职责是保持孩子的这种完美本性，促进受教育者自然发展。《社会契约论》集中体现了卢梭的民主主义思想，后来成为了反映西方传统政治思想的最有影响力的著作之一。卢梭认为国家是由于订立契约而产生的，而人民是订立契约的主体。所以人民有权利废除对自己不利的契约，建立符合自己权利的契约，这就是著名的“人民主权论”。

《爱弥儿》和《社会契约论》的出版，给卢梭带来了巨大灾难。他的书被焚毁，他本人也受到法院的通缉和教会的声讨，他只能隐姓埋名，隐居度日。1770 年，法国政府宣布赦免令，他才返回巴黎。他恢复了自己的真名，在沙龙朗读叙述自己生活史的著作《忏悔录》。这部世界文学史上别具一格的名著，不仅以坦率的态度叙述了卢梭的生活史，而且用美妙的文笔和卓越的才能维护他的学说，回击他的论敌。

卢梭的晚年郁郁寡欢，极度贫困。1778 年 7 月 2 日他因中风与世长辞，享年 66 岁。

【解读】

卢梭是法国的思想家、哲学家、作家、政治理论家和作曲家。他也是 18 世纪法国大革命的思想先驱，启蒙运动最卓越的代表人物之一。

卢梭是最早攻击私人财产制度的现代作家之一，因此他也被认为是现代社会主义和共产主义的始祖之一。同时，他质疑多数人的意愿是否一定正确。他更加指出，政府应该排除多数人意愿的影响，捍卫自由、平等和公正。

黑格尔的哲学

【名言】

人是靠思想站立起来的。

——黑格尔

【故事】

黑格尔自小就跟随母亲学习拉丁文，7 岁时进入斯图加特城的学校接受正规教育。1788 年，黑格尔进入图宾根神学院，学习了两年哲学、三年神学，于 1793 年获得哲学学士学位。在大学期间，他与另一位哲学家谢林成为挚友，两人经常去郊外散步，一起讨论哲学问题。大学毕业后，黑格尔先后在瑞士、德国的法兰克福等地做过家庭教师，业余时间研究希腊文化和康德哲学。1798 年，他的第一部著作《伦理学》出版。1801 年，在谢林的推荐下，黑格尔任耶拿大学的哲学讲师，1805 年升为教授。1806 年，他写完了《精神现象学》一书，论述了自己的哲学观点。在书稿写完的第二天，拿破仑的军队攻入了耶拿，黑格尔被迫离开。1808 年他得到了纽伦堡专科学校校长的身份，他在那里兼教哲学、希腊文化和微积分，并进一步完善了自己的哲学体系。1811 年，他与纽伦堡元老院一个议员的女儿玛丽结婚，此时的黑格尔已经 41 岁，而新娘才 19 岁。1812 年至 1816 年间，黑格尔完成了《逻辑学》（即《大逻辑》）一书。1816 年秋天，他受聘为海德堡大学哲学教授。1818 年，他又完成了大作《百科全书》，这本书极大地提高了他的声誉，他在同年被聘为柏林大学的哲学教授。黑格尔一生的最后 13 年是在柏林大学度过的，他在那里发表了《小逻辑》、《自然哲学》、《精神哲学》、《法哲学原理》等著作，并在 1830 年就任柏林大学校长。

黑格尔把绝对精神看做世界的本原，自然、人类社会和人的精神现象都是绝对精神在不同发展阶段上的表现形式。因此，事物的更替、发展、永恒的生命过程，就是绝对精神本身。黑格尔哲学的任务和目的，就是要展示通过自然、社会和思维体现出来的绝对精神，揭示它的发展过程及其规律，实际上是在探讨思维与存在的辩证关系，在唯心主义基础上揭示二者的辩证统一。围绕这个基本命题，黑格尔建立起令人叹为观止的客观唯心主义体系，主要讲述绝对精神自我发展的三个阶段：逻辑学、自然哲学、精神哲学。黑格尔在论述每一个概念、事物和整个体系的发展中自始至终都贯彻了这种辩证法的原则。这是人类思想史上最惊人的大胆思考之一。恩格斯后来给予高度的评价：“近代德国哲学在黑格尔的体系中达到了顶峰，在这个体系中，黑格尔第一次——这是他的巨大功绩——把整个自然的、历史的和精神的世界描写为处于不断运动、变化、转化和发展中，并企图揭示这种运动和发展的内在联系。”

1831 年，黑格尔因病逝世，享年 61 岁。

【解读】

黑格尔是德国最伟大的哲学家，他的政治思想是西方近代资产阶级革命时期政治理论的终结，他的思想深刻反映了资产阶级革命的基本政治要求，他的整体国家观对 19 世纪末 20 世纪初的新自由主义产生过深远的影响。

在现代社会，许多人认为黑格尔的思想，象征了19世纪德国唯心主义哲学运动的顶峰，对后世哲学流派，如存在主义和马克思的历史唯物主义都产生了深远的影响。

广收门徒传授学术

【名言】

君子之学也以美其身，小人之学也以为禽犊。

——荀　子

【故事】

荀子（约公元前313—前238年），名况，字卿，汉时避宣帝（刘洵）讳，称孙卿，赵国人。战国末期杰出的思想家、教育家。

荀子年轻时曾游学于齐国。当时齐国的统治者为了扩大政治影响，笼络知识分子，礼招各国贤士学者居于都城临淄的稷下学宫著书、讲学。荀子劝说当时的齐湣王实行王道政治。争取统一天下，否则就有被人吞并的危险。无奈齐湣王居功自傲，根本听不进不同的意见，荀子只得离开齐国。

齐襄王执政时，荀子第二次入齐，此时他已六十多岁了。他曾三次被稷下学者推为“祭酒”，也就是担任学宫的主讲。可见那时荀子在学术上已有相当的地位，而且在人品上也是深孚众望的。

后来，荀子看到秦国日强，是统一中国的希望，于是到秦国会见了秦昭王和秦相范雎，可惜他的统一天下的大计未被秦昭王采纳。

荀子到了楚国时，楚国春申君黄歇为相，正在招集贤才，于是委派荀子为兰陵令。但因遭到诽谤，荀子一度离开楚国，在赵国担任上卿，后来春申君又恳请荀子回楚。荀子再回楚国后，复任兰陵令。荀子曾教过不少学生，李斯、韩非就是荀子在楚国时所传的弟子。

后来春申君死了。荀子也就做不成兰陵令。但他从此“留在兰陵”，著书数万言，一直到死。今天流传下来的《荀子》一书，相当完整地保存了荀子的著作。

荀子是战国后期儒家学说的杰出代表，他和同为儒家的子思、孟子一派的主张是截然不同的。荀子汲取百家思想之精华，对哲学、政治、经济及教育等都有认真的研究。他的思想理论，批判地吸收了先秦各家学说的成果，明显地带有综合百家的倾向。

荀子反对孟子的性善论，首倡性恶论。他强调人的道德品质是后天形成的，是环境影响和教育的结果，由此强调教育的重要性。荀子的教学内容继承儒家传统，以《诗》、《书》、《礼》、《乐》、《春秋》为教科书，这与孔孟思想是一脉相承的。他用“青取之于蓝而胜于蓝”来激励学生，并制定了一条“从知到行”的路线。

为了实践自己的教育思想。荀子在兰陵曾广泛教育门徒，传授学术。他的传授对于保存儒家经典起到了重要作用。经他传经的人，后来都成了汉代的经师，使后来汉朝时代的学术思想开创了新的局面。

【解读】

荀子，战国时期著名的思想家、教育家，儒家代表人物之一，对儒家思想有所发展，提倡性恶论，常被与孟子的性善论比较。

荀子对各家都有所批评，唯独推崇孔子的思想，认为是最好的治国理念。他批判地总结和吸收了诸子百家的理论主张，形成了富有特色的自然观、道德观和社会历史观。

遭嫉妒而死的法家思想的集大成者

【名言】

民之性，饥而求食，劳而求佚，苦则求乐，辱则求荣，生则计利，死则虑名。

——韩 非

【故事】

韩非，战国时期韩国人，我国先秦时期重要的思想家，法家学派的代表人物、先秦法家学说的最后一位大师。

韩非是战国后半期韩国的一个没落贵族，他和后来成为秦国宰相的李斯同是大思想家荀子的学生。韩非说话有些口吃，但是很能写文章。他的文章写得条理清楚，分析深刻，很有说服力，李斯自己也承认，他的学问和才能不如韩非。

当时的韩国政治腐败，改革不力，在强大的邻国秦国的进攻下一再割地受辱。韩非多次上书韩王，提出修明法度、求人自贤、赏罚分明等富国强兵的建议，但是昏庸的韩王并不采纳。激愤之余，韩非奋笔疾书，写下了《孤愤》、《五蠹》、《内外储》、《说林》、《说难》等十余万字的文章。

有一天，秦始皇读到了韩非的文章，大为赞赏，对他说："若能见作者一面，也不枉活了。"李斯告诉他这些书的作者是韩非，现在韩国。为了得见韩非，秦始皇不惜出兵伐韩，终于迫使韩国乖乖交出韩非。秦始皇与韩非谈得非常投机，引起李斯的嫉妒，他害怕韩非威胁到自己的官位。于是李斯等人大进谗言，使韩非关进了监狱。后来李斯又派人用毒药毒死了韩非。等秦始皇后悔时，一代法家大师已经离开了人世。

韩非的著作《韩子》，亦称《韩非子》，比较系统地体现了韩非的思想理论。

韩非主要继承和发展的是先秦法家先驱者的理论。商鞅的法、申不害的术、慎到的势，都被韩非融会贯通，成为法家学说发展的集大成者。韩非总结这些前辈法家的思想，第一次明确地阐述了法、术、势三者之间不可分割的联系。他认为，为了推行封建的政治变革，必须实行严酷的法治，这是国人必须遵循的方向。如果没有术的话，就会有大臣捣乱，如果有法、有术没有势，法和术都无法实现，无力推行。总的来看，韩非的这种主张是符合当时的历史情况的，适应了当时新兴地主阶级建立专制主义中央集权制的要求。

作为荀子的学生，韩非继承和发展了荀子的唯物论、历史进化论、性恶论和隆礼重法论。可以说，正是从荀子到韩非这两代完成了从礼治到法治的过渡。韩非作为新兴地主阶级的代言人，他相信自己的力量，对未来充满信心。韩非还把历史的根本动力归结为人类对一己私利的无限追求，这也反映了他的性恶论。在此基础上，他认为严刑峻法就可以制服人民。他说，法治是治国平天下的最高原则，不能用道德感化的办法，也不能用无功受禄的办法来治理国家。应该用论功行赏、论过罚罪的办法来治理国家。

韩非的思想符合社会走向封建统一专制局面的潮流。中国历代统治者虽然奉儒学为正统，但多是“外儒内法”，因此，韩非和其他法家创建的统治理论和手段为后来的封建统治者所笃行，在中国历史上发生过长远影响。

【解读】

韩非，战国末期韩国人，韩官室的公子之一，虽有口吃，但文采出众，善于写文著述。他的著作很多，主要收集在《韩非子》一书中。韩非是战国末期带有唯物主义色彩的哲学家，法家思想的集大成者。

人的存在是自由的

【名言】

人首先是个把自我向着一个未来推进而且知道自己正是这样做的生物。

——萨　特

【故事】

1905 年 6 月 21 日，萨特出生于巴黎一个海军军官家庭。父亲在萨特 15 个月大时就因病去世，他便随母亲一直住在外祖父家。

外祖父母都是读书人。外祖父虽然鼓励萨特发展对优秀文学作品的爱好，却警告其不要成为作家，因为那是个不可靠的职业。外祖父在同儿子们吵架以后，就喜欢塑造外孙的品性。萨特时而对外祖父高品位的文学价值深表忠顺，时而又梦想成为一个践履者、一个在危难中解救少女的游侠骑士、一个与恶魔决斗的勇士，他在确立自我身份的过程中，饱受着拉锯战的煎熬。

就像他后来论证的：在 8 岁到 12 岁之间，每个孩子都在为自己的存在做出某种基本的选择。这时的他，也确信自己命中注定会成为一名作家，是命运准允他以同文字世界不可分割的方式确证他存在的合理性。他会成为某个英雄，但那武器只会是笔，而不会是剑。所以，萨特在日常写作中，一直宁愿选择笔，而不是打字机。不过，他还是对此产生了怀疑："无论我多教条，我还是怀疑一切，除了'我是怀疑者'我不怀疑。我用一只手把我用另一只手所破坏的东西建设起来……长久以来，我把笔当剑；我现在明白：我们软弱无力……文化救不了任何事或任何人，它没法合理化。"

这是他关于10岁时的自传《词》，因为这篇自传他被推选为1964年的诺贝尔文学奖获得者。但他拒绝接受这个奖项和附带的2600万法郎，因为他不希望被贿赂，不愿意显得被资产阶级的机构收买。他注意到，瑞典科学院此前从未把这个奖项授予给任何一个马克思主义的作家。

1917年，母亲改嫁带给了萨特最不幸的3年。他不喜欢继父，尽管继父对他宽厚仁慈，可他还是鄙视其专断作风和资产阶级价值观。于是，萨特开始与同学打架，并通过卖掉家里的书或从母亲的手袋里偷钱买来糕点交换友谊。直到被家人逮着了，他才尝到了小偷的耻辱——要是一个硬币掉在了地上，外祖父宁愿自己费劲地弯腰拣起来，也不愿让这个不诚实的外孙收起来。

大约就在这个时候，萨特突然意识到自己不再信神了。

"早晨，我同邻居家的女孩们一起坐有轨电车……她们上女子中学。一天，我正在她们家外面来回踱着步子，等着她们准备好出门。我不知思绪从何而来，也不知它是怎么打动我的，然而，一切都在那瞬间，我扪心自问：'可上帝是不存在的啊！'……反思起来，令人惊异，当时我才11岁，直到今天，我再也未反问过自己，整整60年了。"

波伏娃是萨特最亲密的朋友和知己，他们的这种关系保持了整整50年。1929年的夏天，他们在巴黎大学初次相遇。当时，他23岁，她

21岁，两人都在准备相当于博士水平的哲学教授资格会考。成绩公布后，头年写作不及格的萨特得了第一名，而波伏娃是第二名。于是，他们成为志同道合的情侣。这种关系并没维持多久，但他们却成了相互诉说几乎所有事情、分享一同游玩和共同工作带来的快乐的知己。萨特的写作速度非常快，大约一天20页，通常又很潦草，他就倚赖波伏娃校读草稿、提出修改意见，他往往都能采纳她的建议。如果没住在一起，他们就交换信件，那里面的丰富资料和信息简直成了他们的优美自传体作品。

到底是谁影响了谁呢？

波伏娃坚持认为，她不同于萨特，她不是一个原创性、有体系的哲学家，她只是追随了萨特的哲学道路，但这种看法遭到众多女权主义者的质疑：萨特和波伏娃是否不愿把私生活的细节公诸于众，因而也密不透风地隐瞒了彼此心智上的相通呢？

在遇见萨特的两年前，波伏娃曾写过一篇学生日记，对某些萨特后来同样涉及到的哲学话题流露出了同样的兴趣，但她对这些话题重大方面的处理同萨特所拓展出来的处理方式有差别。不过，当他们开始了学术上的合作共事，他们各自观点上的差异就很难察觉了；并且，这种主题共享、解决方式细微分殊的格局持续了好多年。20世纪40年代，他们都在进行“他者”的研究，但着重点各异；最终，波伏娃关于由社会所建构、生成的“他者”概念被证明更具影响力。

其实，就算萨特是个高明的借用者，可谁又不是呢？波伏娃完全理解。

在波伏娃的提议和支持下，萨特以其作家的天赋和对神话的喜好，写成了《忧郁症》。当他满怀信心地将这辉煌成果交给著名的出版商伽利玛时，却遭到了拒绝，他震怒了：

“我把我的一切都投注到这本书里了……拒绝了它就等于拒绝了我。”

那年的圣诞节，萨特看见波伏娃时忍不住涕泪俱下。万幸的是，有两个朋友为其策划了一个机会，伽利玛亲自读了这本书，并与萨特见了一面。这本书被改名为《恶心》后出版发行，遂成为萨特最经得起时间检验的作品，也是他所有小说中哲学内涵最丰富的，他因此实现了作家的抱负。

二战中，德国侵占了波兰，萨特响应服兵役的义务，被派遣到距前线 13 英里的一个小村庄，为法国炮兵从事风力测量工作。在德国闪电战的控制力下，法国军队节节溃败。就在萨特 35 岁生日的那天早上，他被关押起来，俘虏他的是开战以来他所见到的第一批德国士兵。

虽然战俘营的生活比较残酷，萨特却学会了从狱友们不融洽的交往中体验乐趣，“我所心仪的是归属到一群人中去的合群感”。那段岁月的确值得感念。9 个月后，萨特利用假医疗证获得释放。

自由后，他很快写完了他最重要的著作《存在与虚无》。在论证无限的自由、无限的责任和虚假信念的徒劳过程中，他被标榜为人道主义的存在主义者。

按照波伏娃的说法，“存在主义者”一词是杜撰出来的，当该词被人援用到她与萨特头上时，他们自己都感到非常惊讶。最初，他们拒绝被如此标识，后来，他们却把它拥为自己哲学的一面旗帜了。

在存在主义形成过程中发挥了重大作用的雅斯贝尔斯也说：

“我一直对萨特心怀敬意。他不仅仅是位思想家、一位现象的分析者。出于他那充满创意的写作，他为这种哲学赢得了相当广泛的听众……可以没有存在主义者，不可以没有萨特。”

尽管现象学使萨特把杏果鸡尾酒哲学化了，但人一出名，就不再可能待在咖啡馆里安静舒适地写作了。萨特乐于“与自己进行思想斗争”，比起他写过的书，他总是对正在写的书更感兴趣，也总是希望他最新获取的洞见会更具真理性。朋友们除了不安就是惊讶，萨特竟在逝世前一个月放弃了马克思主义，确认了希望、民主的理想和建立在普世兄弟情谊上的道德未来。这位总愿反对自身、逆向思维的哲学家，希望世界能从他的存在所呈现的具体现实中发掘出意义来。

1980 年 4 月 15 日，萨特在昏迷中与世长辞。在失去知觉前的一瞬间，他告诉波伏娃：“亲爱的，我多么爱你！”

运送遗体的灵车从医院出来后，跟着的大约有 5 万人。他们同守候在墓地的另一群人汇聚到一起。没有任何讲话和仪式。波伏娃要了一把椅子，在尚未封土的墓穴前坐了 10 分钟。几天后，萨特的尸体从墓穴里移出，被送去火化了。

【解读】

萨特是法国最重要的哲学家之一，法国无神论存在主义的主要代表人物。同时，他也是优秀的文学家、戏剧家、评论家和社会活动家。他的哲学巨著《存在与虚无》的出版，奠定了萨特无神论存在主义哲学体系。

萨特的主要哲学著作有《想象》、《存在与虚无》、《存在主义是一种人道主义》、《辩证理性批判》和《方法论若干问题》。这些著作已成为 20 世纪资产阶级哲学思想发展变化的重要思想资料。

授徒讲学，潜心学术

【名言】

立身以立学为先，立学以读书为本。

——朱　熹

【故事】

朱熹19岁登进士第，赐同进士出身。22岁授泉州同安县主簿。24岁求师于李侗，树立了儒家思想的坚定信念。南宋绍兴三十二年（1162年），孝宗即位，朱熹上书陈事，第二年得孝宗召见，朱熹面奏三札，不被皇帝采纳，后因主张抗金，与主和派首领、宰相洪适意见不和辞职而归，差监南岳庙。屡次上谏被拒后，朱熹致力于哲学研究，形成了完整的理学体系。15年后，又先后任南康军、直秘阁修撰。在任上他勤勉为民，深得百姓爱戴。后被推荐为焕章阁待制兼侍讲，给宁宗皇帝讲授《大学》。可是没多久，就因激烈党争而被罢免，从此绝意于官场。

庆元三年（1197年），朱熹被定为“伪学之首”，史称“庆元党禁”，还被编造了十大罪状。两年后，朱熹病逝。9年后，宁宗皇帝诏赠他“遗表恩泽”并赠谥号为“文”，追赠中大夫，述特赠学士等头衔。20年后，理宗亲题“考亭书院”，赠朱熹为太师，追封信国公，从祀孔庙。

朱熹是一位伟大的思想家、哲学家、教育家，他平生致力于著书立说、创办书院、讲学传道，是中国继孔孟之后的一代宗师。

朱熹对后世影响最大的是他的学术思想。在哲学思想上，他从二程关于理气关系的学说、集理学之大成，发展成为一个完整的客观唯心主义的理学体系，世称朱程学派，又称闽学、考亭学派。他认为“理在先，气在后”，但其宇宙形成说却能接受古代科学成果，主张阴阳二气的演化论等。在人性论上，朱熹学说的核心是“存天理而灭人欲”，他把封建伦常和忠孝仁义抽象为先天至高的“天理”，要求人们摒除私欲、摒除物质世界的一切诱惑，通过真心诚意、克己复礼，使人性纯化而归复“天理”。其社会历史观，又主张恢复三代之治，愿“周孔之道常在”。他的理学被后世帝王改造为统治思想的基础，在明清两代被奉为儒学正宗的地位，把他与孔子相提并论。清康熙帝把他的牌位抬入孔庙，列为十哲之次。他的哲学观点影响中国封建社会末期长达600多年之久。

朱熹的学术著作很多，在哲学、经学、经济、政治、史学、文学、佛学、乐律、道学、伦理、逻辑乃至自然科学中许多科学都有专门的论述和涉及，如《四书集注》、《太极图说解》、《通书解说》、《周易读本》、《楚辞集注》等，后人辑有《朱子大全》、《朱子集语象》等。所著之书被元、明、清三朝定为开科取士的必读之书，他的《四书集注》及朱子学的经学注释在元仁宗时就成为钦定的教科书和科举考试的标准。明初所修的《四书大全》、《五经大全》、《性理大全》，朱熹的著作是主要内容。

朱熹也是颇具文学修养的理学家，但是他对前人多有抨击，尤其是对唐宋古文家，从一定程度上阻碍了文学的发展。

【解读】

朱熹，南宋著名的理学家、思想家、哲学家、教育家、诗人、闽学派的代表人物，世称朱子，是孔子、孟子以来最杰出的弘扬儒学的大师。他的出现，给儒学带来了转折点。

朱熹继承周敦颐、二程，兼采释、道各家思想，形成了一个庞大的哲学体系——程朱理学。程朱理学是宋明理学的主要派别之一，也是理学各派中对后世影响最大的学派之一。

超人的哲学思想

【名言】

自从厌倦于追寻，我已学会一觅即中；自从一股逆风袭来，我已能抗御八面来风，驾舟而行。

——尼　采

【故事】

尼采（1844—1900 年），19 世纪德国最具影响的哲学家，他以其惊世骇俗的勇气开辟了西方思想史的新纪元，他的思想至今仍影响着西方思想的发展。

尼采 1844 年出生于一个虔诚的新教牧师家庭，有贵族血统，和普鲁士国王同宗。尼采出生时头大身小，身体差，有神经痛、头晕、眼花等各种毛病。在他 5 岁那年，父亲因病去世。

父亲去世后，教养尼采和他妹妹的责任主要落在他的母亲、祖母和两个姑妈身上。他的姑妈喜怒无常，母亲固执偏见，这无疑促进了尼采躁郁性格的形成。而且尼采整日生活在女人堆里，从小就养成了女性化的心理。

童年的经历深深地影响了尼采后来的生活。在普福达预科学校，他攻读诗学、科学、希腊文及拉丁文等，取得了不错的成绩；但他畸形发展的身心，却成为同学们取笑的对象。他在学校里整日被眼花症困扰，稍一见光就会头晕，于是他更加懒得到户外，大多数的时间躺在床铺上，听着音乐，长久地陶醉于梦幻般的冥想世界中。

1865 年，尼采进入波恩大学学习神学和古典语言学，半年后放弃神学，专攻古典语言学。在上大学的头一年，他便碰巧读了叔本华的著作《作为意志与表象的世界》，这使他对哲学产生了兴趣，并在几年之后走上了哲学之路。

尼采毕业后，25 岁那年，老师李契尔推荐他担任巴塞尔大学的古典哲学讲师。此时的尼采，在古典语言方面尤其是希腊文和拉丁文已有了惊人的造诣。尼采从这一刻起开始了他的教学生涯。

在巴塞尔大学任教的第三年，即 1871 年，尼采开始写作《悲剧的诞生》，并于次年 1 月出版。随后几年，他一直为自己是继续教学还是从事哲学这个问题而苦恼。但他还是写出了一系列著作，如《季节的沉思》、《人性的，太人性的》等。

1876 年，尼采向一女子求婚遭到拒绝，那女子嫁给了一个没有一点哲学头脑的人。这对尼采的感情生活是一个致命打击，从此他终生未婚。恋爱的失败也把尼采的思想引向一个极端。他开始怀疑是非善恶的道德问题，认为是非善恶本身并没有道德的意义。

1879 年，尼采辞去大学教席，做了一个纯粹的哲学家。他独自游历了许多地方，如日内瓦、西西里、莱比锡等，自称是个“漂泊者”。

在 1879 年至 1889 年这十年，尼采强化了他的超人哲学，认为真正的神明就是人类自己。他写了一大批作品：《漂泊者及其影子》、《曙光》、《快乐的知识》、《查拉图斯特拉如是说》、《善恶的彼岸》、《道德的系谱》、《偶像的微光》、《瞧！这个人》等。在这些书中，尼采的唯意志论的超人哲学已完全成熟。

1889 年元月初，尼采摔倒在地，并出现精神分裂症，此后一蹶不振。1900 年，尼采去世。妹妹在尼采死后整理出版了他最精彩的笔记《权力意志》。

【解读】

尼采，德国哲学家，他的著作对于宗教、道德、现代文化、哲学以及科学等领域提出了广泛的批判和讨论。尼采的哲学思想对于后代哲学发展的影响极大，尤其是存在主义与后现代主义上。

尼采开创了人类思想史的新纪元，哲学史可以以尼采前和尼采后来划分。在尼采之后，传统的哲学体系解体了，哲学由非存在转变为存在，从天上回到了地上。

伏尔泰投身启蒙运动

【名言】

在理想的最美好世界中，一切都是为美好的目的而设。

——伏尔泰

【故事】

伏尔泰原名弗朗索瓦·马利·阿鲁埃，他生性聪颖，3 岁就能背诵法国诗人拉封丹的《寓言诗》。他 10 岁进入中学读书，12 岁时已会做诗，并爱读反对宗教、宣扬自由的书。16 岁中学毕业后，他父亲希望他攻读法律，但他却爱好文学，时常做诗，出入于豪贵门第。

1717 年，年轻的伏尔泰因为写了一些讽刺和攻击法国宫廷淫乱生活的作品，被关进巴士底狱近一年时间。他在狱中写成了悲剧《哀狄普斯》，出狱后，剧本在巴黎上演，大受欢迎，伏尔泰由此一举成名。

1725 年，伏尔泰侨居英国，研究了哲学家洛克和科学家牛顿的作品。1734 年，他发表了《英国通讯》（又名《哲学通讯》），这部著作以书信体裁介绍英国的政治、哲学、科学和宗教等情况，抨击君主专制制度和法国的教派斗争，宣传唯物论思想，引起了极大的轰动。法院将这本书判为禁书，全部焚毁，而伏尔泰也被迫隐居洛林边境的一座小城堡里。

在避居期间，伏尔泰又匿名发表了《论形而上学》、《牛顿哲学的基础》等著作，同样猛烈地攻击封建制度和教会的统治。1745 年，他被路易十五任命为编纂法兰西王国历史的史官，次年被选为法兰西语文学院院士。但他因触犯了权贵大臣，不久被迫离开巴黎，回到洛林城堡。1750 年，他接受普鲁士国王腓特烈的邀请，以贵客的身份前往普鲁士，后来因在思想观点上与腓特烈发生冲突，两人关系破裂。伏尔泰于 1753 年离开了普鲁士。从此，他决心再也不同任何君主来往。1755 年，他在瑞士边境的佛尔纳购置了一座城堡，在这里度过了后半生。定居佛尔纳后，伏尔泰积极投身于启蒙运动，继续宣传民主思想，抨击封建统治者和教会的罪恶，评论法国社会发生的各种事件。当时启蒙运动的代表人物如卢梭、狄德罗、爱尔维修等人，都公认伏尔泰是他们的老师，对他推崇备至。伏尔泰的文学作品数量最多，成就也最高，各种体例几乎无所不包。在戏剧方面，最著名的有悲剧《哀狄普斯》、《布鲁杜斯》、《伊兰纳》等和喜剧《放荡的儿子》、《一个苏格兰的女人》等；在诗篇方面，最著名的诗有史诗《亨利亚特》、《奥尔良的处女》等；在小说方面最著名的有《老实人》、《天真汉》等。他才思敏捷、妙语连珠、文笔犀利、词句精炼，善于以机智的讽刺打击敌人，字里行间充满着嬉笑怒骂的哲言。

1774 年，路易十五死去，伏尔泰的思想在法国受到广泛的颂扬。1778 年，84 岁的伏尔泰回到巴黎，受到热烈欢迎。巴黎剧院上演了他的新作悲剧《伊兰纳》，演员们在舞台上抬出他的大理石半身像，为石像举行加冠仪式。同年5月30日，伏尔泰因病逝世。

【解读】

伏尔泰是18世纪法国启蒙时代的思想家、哲学家、文学家，启蒙运动公认的领袖和导师，被称为“法兰西思想之父”。

他不仅在哲学上有卓越成就，也以捍卫公民自由，特别是信仰自由和司法公正而闻名。

与世界很难和谐相处

【名言】

宗教如萤火虫，为了发亮，非要有黑暗不可。

——叔本华

【故事】

叔本华引用伏尔泰的话来赞美康德：“真正的天才，尤其是开辟新途径的天才，他们可以铸成大错而不受责难，这是他们的特权。”

其实，这句话放到叔本华自己身上应该更加合适。

1788年2月22日，叔本华出生于但泽。原本，父亲想让儿子成为英国公民，就计划带妻子到英国后再生下他。可事不凑巧，母亲经不住颠簸，在途中生病了，只得返回家乡，在但泽生下了他，不过，父亲还是给他取名叫“亚瑟”。

叔本华的家庭是当地望族，彼得大帝和皇后出游但泽时曾住在他祖父的家中，弗雷德里克大帝也试图劝说他父亲迁到普鲁士去。

意志坚定、头脑精明的父亲非常热爱自由，而文雅热情的母亲是当时有名的通俗小说家，因此，少年时代的叔本华已跟随父母遍游了世界各地。9岁时，他更被单独留在了勒哈夫，同一个亲戚一起生活了两年，他半点都没接受法国人的浪漫气质，却将法语练得相当娴熟。若干年后，叔本华不无得意地说："父亲给了我意志，母亲给了我智慧。"

叔本华17岁那年，父亲的精神开始变得抑郁，不久便在运河中溺水而亡，而祖母也在这之前刚刚发疯而死。很快，母亲自己迁居到魏玛，热衷于开办文艺沙龙，如日中天的歌德也成了她那里的常客。

有一天，叔本华作为客人去看望母亲。当大家兴致勃勃地谈天说地、欢声笑语时，他却愁眉苦脸地独坐在客厅的一个角落。一群姑娘众星捧月般地围着歌德，还不时用怪异的目光瞟一眼叔本华，歌德却对她们说："让那个青年独自待在那里吧，将来他会超过我们所有人。"

母亲实在无法再忍受了，原本就没获得过母爱的叔本华也愈加对母亲充满了敌意，一场惊天动地的争吵终于爆发，母子两人彻底决裂，再也没有见过面。

就像杜兰特教授谈到的："一个从未体验过母爱的人，或者更糟，一个曾被母亲痛恨过的人，没有任何理由迷恋这个世界。"

母亲对儿子的态度决定了儿子对世界的态度，后来，叔本华自己也写道："从我一开始思考问题起，我便觉得自己与世界很难和谐相处。"

离开母亲后，叔本华全心全意投入到他的惊世之作《作为意志和表象的世界》中，仿佛那是神授给他的："在我手里，主要是在我思维里，正构思着一部著作，一种哲学，一种把伦理学和形而上学融为一体的哲学……这部著作在成长，存在慢慢地具体化，就像一个孩子在子宫里成长着一样：我不知道最先形成的是什么，最后又将形成什么……我看到了一个环节、一个容器、一个接着一个的部分……因为我知道，一切来自一个根源，这样就产生了一个有机的整体，而且，只有这样，这个整体才能生存……我，坐在这里的我，朋友们认识的我，并不理解一部作品如何诞生，就像母亲不理解她体内的孩子如何诞生一样。我注视着它，并像母亲一样说："我害怕怀孕。""我活着就是为了撰写这部著作，也就是说，我活在世上，所企求和所能奉献的90%已经完成了，其余的只是些次要的东西，我的生命和命运也是如此。"

可惜，这部不朽的杰作不仅没有得到稿费，而且在其出版后的16年，绝大部分都被当做废纸卖掉了。难道"贫困、疲惫的世人无法再阅读自身的贫困与疲惫了"吗？叔本华俏皮地自讽道："一头蠢驴照镜子时，你不能期望照出一个天使来……当大脑和书相撞发出空洞的声响时，该不会归咎于书吧。"

叔本华既不快乐，也不容易满足，更不值得称赞。正如他自己所说：

"人生在痛苦和无聊之间像钟摆一样来回摆动着，事实上，痛苦和无聊两者也就是人生的两种最后成分。"

痛苦使人追求快乐，快乐预兆着新的痛苦，它们都来自于生命意志；而且，生命意志愈强烈，痛苦也就愈强烈。总而言之一句话：人生即苦。

那如何避苦呢？

叔本华说，其实这很简单，基本原则就是：放弃生命意志。

这里有三条道路：通过哲学达到理性之境驾驭意志、通过艺术让痛苦在美感中升华、通过宗教彻底超脱人生苦海。这里还有三种方法：发疯、自杀、消灭全人类，不过想来他自己是很难做到的。

叔本华年轻时长相英俊，衣着考究，说话机智风趣，颇得异性青睐，但他一生却从没结过婚。

叔本华不算有亲人，也无朋友，更不相信上帝。“他孑然一身，在一和无之间是无穷大”，而他宁愿“保持疑虑，也不依靠信仰”。

他怕有人趁他睡着后谋害他，每天晚上都将一把上好子弹的手枪放在枕头底下；他怕理发师为他刮脸时割断他的喉咙，就绝对禁止理发师给他理发后刮脸；他怕别人传染病给他，因此不管到哪家咖啡馆都带着一只特制的皮杯子，而他要塞进嘴里的雪茄烟斗就更不准人碰了；他怕有人来偷钱，便将它们放到他认为小偷怎么也想不到的地方；他甚至怕别人知道他有多少钱、怎么花，竟用一般人不懂的古希腊文和拉丁文来记账；他还想了个高招，给房子的一些贵重摆设贴上假标签……

罗素曾对其性格这样描绘：“除对动物的仁慈外，在他一生中很难找到任何美德的痕迹，即使他对动物的仁慈已经达到反对为科学做活体解剖的程度。在其他方面，他完全是自私的。很难相信，一个深信禁欲主义和知命忍从是美德的人，会从来也不打算在实践中体现自己的信念。”

那时，黑格尔正广受欢迎，叔本华出于忌妒希望使其蒙羞。于是，他给自己的讲座起了个颇为诱人的名字，并故意与黑格尔的讲座排在同一时间。可事实恰恰相反，黑格尔的课堂里人满为患，大家只能站着听；叔本华的教室里却从没超过 3 个人，几次讲座后更是空空如也了，他也只好落荒而逃。叔本华的学院生涯就此终结，他再也没穿那身礼服戴那顶学位帽了。

到他 70 岁生日时，柏林皇家科学院决定授予他院士称号；他虽然很高兴，却还是拒绝了，并说：“谁要是走了一整天，傍晚走到了，就该满足了。”

叔本华总是到一家叫安格拉特的饭馆吃饭，这里的菜很合他胃口，他也算是个美食家，不仅食不厌精，而且饭量惊人。有个新顾客看到他面前小山一样的食物，很是惊讶，便站在对面看个不停。叔本华回敬了他一眼，异常冷静地说："先生，你似乎对我的胃口感到吃惊。确实，我的饭量是你的3倍，但我的智慧也是你的3倍。"

这家饭馆也是英国军事人员常去的地方。每次饭前，叔本华总要把一枚金币放在自己面前的桌上，饭后又把金币收回自己的口袋里。按照一般客人的习惯，侍者以为这枚金币会被当作小费，所以，每次他都格外殷勤地伺候叔本华，可每次都是失望而归。有一天，这位侍者终于忍不住问叔本华他到底在干什么。叔本华解释说："我每天都在心里与那些军官打赌，只要他们哪天除了马呀、狗呀、女人呀之外还能谈点别的话题，我就把这枚金币放进教堂的施舍箱里去。"

直到晚年，叔本华终于得到了追求已久的世人瞩目，而他的那条卷毛狗好像比他更有名。他们几乎形影不离：在家时，狗便躺在专门为它准备的那块价格不菲的黑熊皮上，像个老爷，叔本华则成了最忠实的仆人，按时替它准备一日三餐；出门时，它便大模大样地跟在主人后面，也一副高高在上、旁若无人的样子。市民们管这条狗叫"小叔本华"，叔本华自己称它"你这个人"，还有人说它名为"艾特玛"，这是古印度人的话，意指"宇宙精神"。

"宇宙精神"一直陪叔本华到了最后一天，1860年9月21日，他像往常一样独自用过早餐，却没有起身去写作。房东太太感觉很奇怪，便过来看看，才发现这位悲观主义者在幸福中快乐地去世了，死时72岁。

【解读】

叔本华，德国哲学家。他通常被认定为悲观主义的代表人物。他把生命视为不幸的，无意义的，充满痛苦的。

他将对人生痛苦的拯救寄托于对美的沉思，对人的同情，对欲望的控制。他的思想广泛地影响了哲学、心理学、音乐和文学等领域。

柏拉图的“理想国”

【名言】

生气是拿别人做错的事来惩罚自己。

——柏拉图

【故事】

柏拉图本名阿里斯托克勒，据说因为他生得一副宽阔的肩膀（又说是阔额头），所以得了个诨号“柏拉图”。柏拉图在年轻时受过良好的教育，并接触到各种流行的学说。20 岁时，柏拉图拜年逾六旬的大哲学家苏格拉底为师，从此开始了哲学研究的漫漫长路。苏格拉底顽强的探索精神，对平民政体，尤其是对激进民主派的猛烈攻击，都深深地感染了柏拉图。公元前 399 年，苏格拉底被雅典民主派处死，这使柏拉图遭受了沉重的打击。由于是苏格拉底集团中的人物，柏拉图被迫离开雅典。

大约从 28 岁至 40 岁时，柏拉图在海外漫游，与数学家、思想家和政治家们广泛接触与交流，并逐渐形成了自己的思想体系。公元前 386 年，柏拉图返回雅典，在雅典近郊的阿卡德米体育场开办了一所学园，开始广收门徒，教授哲学，并从事写作。教师成为他终生的职业。

柏拉图的主要著作有《理想国》、《法律篇》、《斐多篇》，在书中，他大多采取对话形式阐发自己的思想，而主角则是他的老师苏格拉底。柏拉图哲学的中心思想是：在现实世界之上，还有超经验的理性世界，理念是第一性的，而现实是第二性的，现实世界变动无常，只有理念世界才是永恒真实的客观存在。这种精神第一，物质第二的思想，就是主观唯心论。而在政治上，柏拉图拥护贵族政治，反对民主。这点特别体现在他的代表作《理想国》之中。柏拉图认为，国家是放大的个人，个人是缩小了的国家。个人有三种品德：智慧、勇敢和节制；国家也具有不同品德的三种人：第一是贤明的治国君主，第二是勇敢的卫国武士，第三是生来具有“节制”品德的农夫、手工业者等生产者，他们专事劳动生产，是前面两个等级的供养者。柏拉图认为，只要三个等级恪尽职守，就能实现正义。这在他看来是国家最主要的职能，从而造成有权力者无私产，有私产者无权力的理想局面。显然，柏拉图的思想是以古斯巴达的寡头专政等政治特征为蓝本的，这在具有民主政治传统的雅典是难以实现的。尽管直到晚年，柏拉图还是不懈地宣传自己的主张，但失败的结果却不可避免。

公元前 347 年，柏拉图去世，享年 80 岁。作为西方哲学史上第一个使唯心论哲学系统化的人，柏拉图的思想成为中古时代欧洲基督教神学以及近代形形色色的唯心论、经验论及英雄史观的重要源泉。

【解读】

柏拉图是古希腊时期重要的思想家，也是西方文化中最伟大的思想家和哲学家之一。

他在哲学上建立了欧洲哲学史上第一个庞大的客观唯心主义体系。他一生著述颇丰，其教学思想主要集中在《理想国》和《法律篇》中。柏拉图是西方客观唯心主义的创始人，其哲学体系博大精深，对其教学思想影响尤甚。

疑古问孔，旨在唯物

【名言】

学士有文章，犹丝帛之有五色之巧也。

——王　充

【故事】

王充是东汉时期杰出的唯物主义思想家。祖父、父亲在钱塘“以贾贩为事”。王充自幼聪明好学，青年时期曾到京师洛阳入太学，拜班彪为师。“家贫无书，常游洛阳市肆，阅所卖书，一见辄能诵忆，遂博通众流百家之言。”

王充一生在政治上很不得志，相传曾做过几任州、县的官吏，但都没什么实权，多系幕僚性质。因为他嫉恨俗恶的社会风气，常常因为和权贵发生矛盾而自动辞职。因此，每次仕进都为期极短。他把毕生的精力投入著书立说，居贫贱而不倦。他一生撰写了《论衡》、《政务》和《养性》等著作，其中《论衡》一书流传至今。

王充的著述活动也不是一帆风顺的，经常遭到社会舆论的非难。以致他的学说一旦问世，便被视为异端学说，甚至遭到禁锢。王充冲破种种阻力，坚持著述。他在《论衡》一书中系统地清算和批判了神秘主义的思想体系，确立了唯物主义思想，难能可贵。

汉代的唯心主义神学，鼓吹天是至高无上的神，像人一样具有感情和意志，大肆宣传君权神投和“天人相与”的天人感应说。宣扬“天子受命于天”，“承天意以从事”；天神能赏善惩恶；君主的喜怒，操行好坏和政治得失都会感动天神做出相应的报答，而自然界的变异和灾害就是天神对君主的警告和惩罚。王充针锋相对地指出：天是自然，而不是神。他说，天和地一样，是客观存在的平正无边的物质实体，它有自己的运行规律。日月星辰也都是自然物质，“系于天，随天四时转行”。天和人不一样，没有口眼，没有欲望，没有意识。

在王充生活的时代，各种鬼神迷信泛滥。王充在《论衡》中对各种迷信活动及其禁忌，尤其是对“人死为鬼”的谬论进行了深刻的批判。他很风趣地说，从古到今，死者亿万，大大超过了现在活着的人，如果人死为鬼，那么，道路之上岂不一步一鬼吗？王充认为人是由阴阳之气构成的，“阴气主为骨肉，阳气主为精神”，“精神本以血气为主，血气常附形体”，二者不可分离。他指出：“天下无独燃之火，世间安得有无体独知之精！”也就是说，精神不能离开人的形体而存在，世间根本不存在死人的灵魂。

王充在《论衡》一书中还否定了圣人“神而先知”，“圣贤所言皆无非”。为了适应封建专制主义中央集权的统治需要，汉代的唯心主义神学极力推崇古代的圣人，说圣人是天神生的，“能知天地鬼神”、“人事成败”和“古往今来”。王充虽然也承认孔子是圣人，并且也不反对孔子所提倡的封建伦理道德。但他批判了圣人“前知千岁，后知万岁”，有独见之明，不学自知的唯心主义先验论。他认为圣人只不过是比一般人聪明一些，而聪明又是来自于学习。

《论衡》极具战斗性，涉及自然科学、哲学、伦理学、宗教和社会生活等诸多方面，阐明了以唯物主义为基本特征的世界观。全书共 85 篇（现存 84 篇），分 30 卷，约 30 万字。《论衡》是王充从 33 岁开始，前后用了 30 多年的时间，直到临终才写成的，是他毕生心血的凝结，是中国传统文化中的宝贵财富。

【解读】

王充是东汉时期杰出的思想家。在东汉，王充和王符、仲长统二位思想家齐名。《论衡》是王充的代表作品，也是中国历史上一部不朽的无神论著作。他的哲学观点有：天自然无为，天不能故生人，神灭无鬼，今胜于古等。

王充诸多思想的提出，表明他不仅是一位儒者，而且是一位博学的奇儒。

探索多门学科的亚里士多德

【名言】

人生最终的价值在于觉醒和思考的能力，而不只在于生存。

——亚里士多德

【故事】

亚里士多德出生、成长在一个充满着高贵而又有医药气氛的环境中。依照传统的习惯，亚里士多德本该继承父亲的衣钵，但他却在医药的熏陶中，表现出对科学的爱好。公元前367年，亚里士多德拜柏拉图为师，进入柏拉图的学园，钻研各种知识长达20年之久，成为同学中的佼佼者，被柏拉图称为“学园的精英”。柏拉图去世后，亚里士多德来到小亚细亚的阿索斯城，在城主赫尔麦阿伊斯的宫廷做客并娶了城主的侄女皮提阿斯为妻，生有一女，与自己的母亲同名。皮提阿斯死后，亚里士多德与他的侍女赫尔皮利斯同居，得一子，取名尼科马霍斯。

公元前342年，亚里士多德被聘为马其顿国王腓力二世的儿子亚历山大的老师。公元前335年，亚里士多德结束了在马其顿的流亡生活，回到希腊，在雅典阿波罗圣林的吕克昂体育场开办了一所学园，并得到了已经继任马其顿国王的亚历山大的巨额经费支持。因为他经常率领弟子在校园的林荫道上边散步边讲课，所以他的学派被称为“逍遥学派”。

亚里士多德是古代世界中最博学的人。他总结了前人的研究成果，对当时已知的各个学科如伦理学、政治学、经济学、战略学、修辞学、文学、物理学、医学等都进行了有意义的探索，并开辟了逻辑学、动物学等新领域。可以毫不夸张地说，亚里士多德的研究成果代表了古希腊科学知识的最高水平。

作为形式逻辑的创始人，亚里士多德提出了归纳和演绎的思维方法，提出并阐释了同一律、矛盾律和排中律这些思维的基本规律。他所规定或发现的原则和范畴，以及所使用的某些专门词语，迄今仍为逻辑教本所采用。在哲学上，亚里士多德肯定客观世界是真实的存在，认为人类认识的来源产生于对外界事物的感觉。他创立了自己的“四因说”（质料因、动力因、形式因和目的因），认为一切事物的产生、运动和发展，都不外是这四种原因作用的结果。在政治学方面，亚里士多德详细地比较研究了君主、贵族、共和、僭主、寡头和平民六种政体，他主张法治，并认为“法律是不受情欲影响的理智”。文学方面，他广泛考察了美学和文艺理论的一系列问题，如文艺的产生和分类、文艺与现实的关系等，认为文艺有深刻的社会意义。

公元前323年，亚历山大大帝病死后，雅典成为当时反对马其顿运动的中心。由于是亚历山大的老师，亚里士多德出逃雅典，前往优卑亚岛的卡尔喀斯城避居，并于次年辞世，享年63岁。

【解读】

亚里士多德是古希腊的哲学家、逻辑学家、科学家。他总结了泰利斯以来古希腊哲学发展的成果，首次将哲学和其他科学区别开来，开创了逻辑学、伦理学、政治学和生物学等学科的独立研究。其学术思想对西方文化的发展影响深远。在古希腊乃至他死后的几百年里，没有一个人像他那样对知识有过系统考察和全面掌握，他的著作被称为是古代的百科全书。

亚里士多德是希腊科学的一个转折点。在他以前，科学家和哲学家都力求提出一个完整世界体系的人。在他以后，许多科学家开始放弃提出完整体系的企图，转入研究具体问题。

我思故我在

【名言】

我思想，所以我存在。

——笛卡尔

【故事】

小时候的笛卡尔身体非常虚弱，却喜欢究根问底。父亲很早就注意到了他的才华，常常称他为“我的小哲学家”。他 8 岁时进入一所耶稣教会学校。在校期间，他对所学的东西颇感失望。因为在他看来，教科书中那些微妙的论证，其实不过是模棱两可甚至前后矛盾的理论。他习惯晚起，躺在床上读了许多哲学、数学、文学、历史等珍贵的书籍。1612 年，他去普瓦提埃大学攻读法律，4 年后，以优异的成绩获得了法学博士学位。

1616 年，年轻的笛卡尔决心走向社会，向“世界这本大书”讨教。在经历了多年的游历后，他于 1625 年返回巴黎。这时他在学术界已颇负盛名，络绎不绝的来访者使喜欢安静和沉思的他不胜烦恼，1628 年，他从巴黎移居荷兰，开始了长达 20 年的潜心研究和写作生涯，先后发表了许多在数学和哲学上有重大影响的论著。

笛卡尔雄心立业，终身未娶，他的著作几乎全部是在荷兰完成的。他在 1634 年写了《论世界》，总结了他在哲学、数学和许多自然科学问题上的看法。在 1637 年发表了《几何学》，1641 年出版《形而上学的沉思》，1644 年出版《哲学原理》等。他的著作在生前就遭到教会指责，死后又被梵蒂冈教廷列为禁书，但这并没有阻止他的思想的传播。笛卡尔不仅在哲学领域里开辟了一条新的道路，同时又在物理学、生理学等领域提出许多创见，特别是在数学上创立了解析几何，从而打开了近代数学的大门，在科学史上具有划时代的意义，被誉为“近代科学的始祖”。

笛卡尔在数学上的主要贡献是把几何学的问题归结成代数形式的问题，用代数学的方法进行计算、证明，从而达到最终解决几何问题的目的。依照这种思想他创立了“解析几何学”，为微积分的创立奠定了基础。他在其他科学领域的成就也同样硕果累累：他从理论上推导了折射定律，与荷兰的斯涅耳共同分享发现光的折射定律的荣誉；他对人眼进行了光学分析，设计了矫正视力的透镜，他提出了宇宙间动量总和是常数的观点，创造了动量守恒定律，为能量守恒定律奠定了基础。他也是欧洲近代哲学的奠基人之一，自成体系，熔唯物主义与唯心主义于一炉，在哲学史上产生了深远的影响。

1649年，笛卡尔应邀去斯德哥尔摩为瑞典女王教授哲学。1659年，他因感冒患上肺炎，不幸病逝。1819年，他的遗骸被移入圣日耳曼大教堂，墓碑上写着："笛卡尔，欧洲文艺复兴以来，第一个为人类争取并保证理性权利的人。"

【解读】

笛卡尔是法国哲学家、数学家、物理学家。

众所周知，笛卡尔在现在数学的发展中做出了巨大的贡献，他将几何坐标体系公式化而被认为是解析几何之父。

除此之外，他还是西方现代哲学思想的奠基人，是近代唯物论的开拓者，提出了"普遍怀疑"的主张。他的哲学思想深深影响了之后的几代欧洲人，开拓了所谓"欧陆理性主义"哲学。

否认"君权神授"

【名言】

学校所以养士也。然古之圣王，其意不仅此也，必使治天下之具皆出于学校，而后设学校之意始备……是故养士为学校之一事，而学校不仅为养士而设也。

——黄宗羲

【故事】

黄宗羲聪明好学，从小受到完备的启蒙教育。他的父亲是东林党领袖黄尊素，被权阉魏忠贤害死。他遵从父亲的遗命，拜著名学者刘宗周为师，开始了深入刻苦而有计划的学习。他每天都读书到深夜，鸡叫第一遍的时候才睡觉，这种生活一直持续到抗清战争的爆发。

19 岁的时候，他怀揣着状纸和铁锥到京城为父亲申冤，在大堂上把奸臣打得落花流水，声名远播，朝野关注。但是他推辞了皇帝的任命，毅然回到家乡，攻读经史，练习武功。后来，黄宗羲组织“复社”，用自己的笔发动社会舆论来讨伐在南京作威作福的阉党余孽阮大铖，被抓进监狱。李自成灭亡了明朝以后，吴三桂带领清军入关，黄宗羲趁着混乱回到家乡。

清军入关后，一路烧杀攻入南京，黄宗羲激于民族义愤，招募义兵进行反清复明的武装斗争。失败后，他长期过着政治流亡的生活，四处奔走。曾亡命舟山群岛，远赴日本。1656 年才返居家乡，在化安山隐居，重办学院。清政府屡次征召，他坚辞不出，开始了著述讲学的生涯，写成《明夷待访录》、《明儒待访录》、《宋元学案》等史学巨著。

在明史的修纂上，黄宗羲的贡献是无人能比的。他三次抗旨，拒绝清廷的任命，没有去修史机构工作。但是修明史碰到什么疑难问题的时候，有人总是不远千里地向他请教。黄宗羲历尽艰辛，凭着个人的力量，用了 26 年的时间，完成了《明文案》（217 卷）、《明文海》（482 卷）的编纂。尤其是《明文海》被《四库全书总目提要》称为“一代文章之渊薮”。

黄宗羲冷静地总结了明朝灭亡的历史教训，对封建君主专制弊病有了一个初步的认识，写成著名的《明夷待访录》。他在书中甚至“大逆不道”地提出了封建专制君王是“天下之大害”的论点，否认“君权神授”，否定君主专制主义存在的合法性和合理性，表现了他过人的勇气和智慧，在中国民主思想发展史上有重大的意义。因此，黄宗羲也被作为伟大的启蒙思想家而载入史册。

黄宗羲指出，封建的赋税制度有三害，用现代的话来讲，不分土地好坏都统一收税，农民还要把粮食换成货币来缴税，受到商人的剥削，每一次的赋税改革，税就加收一次，而且一次比一次重。这就是著名的“黄宗羲怪圈”。

继《明夷待访录》之后，黄宗羲把主要精力集中到学术史专著方面，编纂了对后世影响巨大的《明儒学案》。这部专著不仅开创了一个新的体裁——学案体，而且系统地总结了明代近三百年来的学术思想发展演变史，保存了多门学科的丰富史料和作者的精辟见解。它与《明夷待访录》前后交辉，是黄宗羲成为文化巨人的奠基石之一。

黄宗羲作为浙东史学鼻祖，他们和乾嘉学派的重视考据不同。他们讲究的是文史皆通，同时综合利用各门学科，来怀疑取证，最后得到正确的认识。黄宗羲作为一个文化巨人，不仅勤奋著作，而且还十分重视教书育人，桃李满天下。他的言传身教使得浙东学派影响深远。黄宗羲一生追求正义，充满乐观精神，最终长寿。

【解读】

黄宗羲，明末清初的经学家、史学家、思想家、地理学家、天文历算学家、教育家。黄宗羲与顾炎武、王夫之并称明末清初三大思想家，而且他还有“中国思想启蒙之父”之美誉。更有甚者，西方学者称黄宗羲为“中国自由主义先驱”。

“天下兴亡，匹夫有责”

【名言】

天下兴亡，匹夫有责。

——顾炎武

【故事】

顾炎武是明末清初思想家、经学家、史学家。原名绛，字忠清。明朝灭亡后，改名炎武，字宁人，亦自署蒋山慵，学者尊为亭林先生。

顾炎武是江苏昆山人，出身江东望族，其高、曾祖为明廷仕宦，明朝末年，家道中落。顾炎武 7 岁入私塾，14 岁取得诸生（秀才）资格后，与同里挚友归庄共入“复社”，极大地增强了他研究现实问题的兴趣。

顾炎武性情豪爽，敢作敢为，不拘于封建礼法。因屡试不中，自 27 岁起，他断然弃绝科举帖括之学，遍览历代史乘、郡县志书，以及文集、章奏之类，辑录其中有关农田、水利、矿产、交通等记载，兼以地理沿革的材料，开始撰述《天下郡国利病书》和《肇域志》。顺治二年（1645 年），清兵下江南，顾炎武与归庄等人以匡复故明为志，在昆山、苏州两地参加武装抗清斗争，失败后，与归庄等结为惊隐诗社，一边秘密从事反清活动，一边做学问，决意不与清廷合作。

顺治十二年（1655 年），由于陆恩之狱，顾炎武被迫弃家北游。康熙十七年（1678 年），清廷议修《明史》，顾炎武拒不就荐；次年，更誓死不入《明史》馆。此后，即客居山西、陕西，潜心著述不再入都。康熙二十一年（1682 年）在山西曲沃病逝，与同时代的思想家王夫之、黄宗羲，被合称为“清初三先生”。

在北游的 20 余年中，顾炎武往返于河南、河北、山东、山西、陕西等地，以二马二骡载书而行，行万里路，读万卷书，进行了大量的实地考察和金石考古工作，著书立说。

顾炎武学识渊博，在经学、史学、音韵、小学、金石考古、方志舆地以及诗文诸学上，都有较深造诣。他继承明朝学者的反理学思潮，不仅对陆王心学作了清算，而且在性与天道、理气、道器、知行、天理人欲诸多范畴上，都显示了与程朱理学迥异的为学旨趣。他认为明亡的原因在于学界的思想僵化空疏，不能适应政治社会的变革，所以他力倡“经世致用”之学，以朴实归纳的考据方法，创辟路径的探索精神，把“古”与“今”、“学”和“用”紧密结合起来，做到学以致用。他以在众多学术领域取得的成就，开启了一代朴实学风的先路，给予清代学者以极为有益的影响。在《天下郡国利病书》中，顾炎武以大量社会历史资料的排比，对土地的兼并、赋役不均的社会积弊进行了猛烈的鞭挞，充满了求实思想，对矫正明末清初的空疏不学之风，作出了卓越的贡献。他还主张舍弃宋儒对经书的阐释，回到接近儒家原著的汉代学者注释，从而创立汉学学派。他强调“博学于文，行已有耻”，认为探讨经世济民之学和砥砺操守气节同样重要。在哲学上，他宣扬唯物主义观点，赞成张载对太虚、气、万物三者统一的学说。顾炎武还断然弃绝空谈心性的玄理，猛烈抨击超凡顿悟的禅学，明确地提出了“理学，经学也”的主张，客观上否定了理学，推进了清初的反理学斗争。

顾炎武的社会思想也是在经历了国运存亡、家道盛衰、人生聚散等种种灾难和痛苦的基础上形成的，在《日知录》中，他结合晚明衰亡的历史，大胆地怀疑神圣不可侵犯的君权，提出“众治”、反对“独治”主张，充满了民主主义思想。他试图通过经学、历史、典章制度的研究，探索出一个切实可行的安邦治国的制度和措施。“天下兴亡，匹夫有责”，他极其关心国家民族的前途命运，他以国事为己任，终身都在为恢复故国而奔走呼号。

顾炎武还是一位优秀的古声韵学家，他编著的《音学五书》把音韵学和文字学结合起来，为人们对古代许多文献的理解、参悟开辟了蹊径，他也被推崇为清代古音学的鼻祖。

顾炎武著作甚丰，大概有50多种，累计400多卷。他以严谨的治学态度，成为名满天下的大学者。

【解读】

顾炎武，明末清初著名的思想家、史学家、语言学家，在学术上作出了巨大贡献。“天下兴亡，匹夫有责”的倡导者。他的这一名言影响了一代又一代的仁人志士。

顾炎武作为封建时代的伟大学者，他的道德言行、学问文章虽然带有那个时代的局限性，但其对后世的进步影响还是不可磨灭的。

“六经责我开生面，七尺从天乞活埋”

【名言】

吾之与学者相接也，教无不可施。吾则因其所可知，而示之知焉；因其所可行，而示之行焉。其未能知，而引之以知焉；其未能行，而勉之以行焉。未尝无有以诲之也。

——王夫之

【故事】

王夫之出生于明朝末年一个没落的地主阶层知识分子家庭。1644年，王夫之25岁时，清军南下占领湖南，他在湖南衡山揭竿而起。失败后王夫之投奔南明永历政权，因弹劾权奸，反遭迫害。后经农民军领袖营救，才得以辗转逃回湖南。为躲避清朝政府的缉拿，他隐姓埋名，逃亡于湘南各地，饱尝颠沛流离之苦。

当军事抗争毫无意义之时，王夫之转入文化思想领域，去从事另一种形式的斗争。他把自己的亡国之思和对时局政治的思考寄托于学术领域，勤恳著述40年，内容涉及哲学、政治、经济、历史、文学、教育、军事、伦理、自然科学等诸方面，建立了超越前人、博大精深的思想体系。他深入研究《周易》，探讨改革社会的方法，先后撰成《周易稗疏》和《周易考异》两部著作，为终生精研《易》理打下了坚实的基础。他还撰写了堪称民族宣言的政论著作《黄书》。

王夫之对中国朴素唯物主义认识论的发展有着独到的贡献。他继承和发扬了古代朴素唯物主义的优良传统，吸取当代新兴“质测之学”的成果，以“六经责我开生面，七尺从天乞活埋”的创新和求实精神，对社会现实进行了高度的哲学概括，在前人成果的基础上把唯物主义发展到时代条件所允许的高度。他从哲学上和政治危害上全面清算了宋明理学唯心主义，以科学方法剖析了宋明理学的理论根源，并以其在批判中建立的“别开生面”的朴素唯物辩证法体系，为统治中国思想界数百年的宋明理学乃至整个古典哲学做了总结和终结。

王夫之还以唯物主义一元论为依据，从探究人的本质出发，研究人类社会的起源、发展、规律及动力等一系列重要问题，从而建立其独特的历史观。他在考察社会历史发展过程及其规律的基础上，提出理势合一论。他把历史发展的现实过程称作“势”，认为历史发展过程就是一种客观必然趋势，而发展趋势中所包含的不可改变、不可抗拒的必然性，他称之为“理”。

王夫之一生著述甚丰，除了《读四书大全说》、《四书训义》、《尚书引义》和《时记章句》等哲学论著外，还撰成《春秋家说》、《春秋世论》、《续春秋左氏传博议》等早期史论，反映了17世纪我国学术变迁的新动向，并以《诗广传》一书另辟学术门径，试图跳出中世纪诗学的狭隘眼界。

62岁以后，王夫之在衡阳石船山麓筑草堂定居，他不顾年迈体衰，贫病交加，撰写了《周易内传》、《周易内传发例》、《庄子通》、《庄子解》、《相宗洛索》、《张子正蒙注》、《宋论》、《读通鉴论》、《俟解》、《搔首问》、《噩梦》、《四书笺解》、《楚辞通释》及《诗话》、《夕堂永日绪论》诸书，可谓著作宏富。

清康熙三十一年（1692年），王夫之逝世于石船山下的草堂内，时年74岁。

【解读】

王夫之，明清之际杰出的哲学家、思想家，与顾炎武，黄宗羲同称明末三大学者。

王夫之一生著述共达100余种，400多卷，体系浩大，内容广博，在哲学思想、社会政治思想各方面都有自己独到的见解。

维新救国

【名言】

一人独学，不如群人共学；群人共学，不如合计百亿兆人共学。学则强，群则强，累万亿兆皆智人，则强莫于京。

——康有为

【故事】

康有为出生于官僚地主家庭，11 岁父亲去世，随祖父读书，深受程朱理学的熏陶。他博览群书，受到良好的传统教育，功底很深。在清政府发行的《邸报》中，康有为了解到京师风气和早期维新派的政论。1879 年，康有为游历香港，接触到《西国近事汇编》和《环游地球新录》两书，开始关注西方的文明制度和政俗习惯。3 年后又到上海，多方求购西学书籍，深入研读之后，深感“西人治术之有本”，思想上萌发了学习西方，进行维新变法的要求。

中法战争爆发后，中国不败而败。康有为开始把拯救民族危机、抵御外来侵略、学习西方之长、实行维新改革看成自己的责任。1888 年，到北京参加顺天乡试时，康有为写下长达 5000 言的《上清帝第一书》，他提出“变成法，通下情，慎左右”的建议，希望清政府实行改革。

1891 年，康有为在万木草堂开始讲学。他认为治学莫大于救国，于是，他将学术研究同政治改革密切结合起来，致力于培养维新人才，用爱国主义精神教育学生，他要把学生引导到维新变法的轨道上来。在讲学过程中，康有为写成了两部理论著作《新学伪经考》和《孔子改制考》。这两部书表面上是历史考证的著作，实际上是戊戌变法的理论著。

1895年春夏之交，康有为和弟子梁启超召集1300名举人联名上书，提出“变法成天下之治”的主张，坚决反对李鸿章与伊藤博文签订丧权辱国的《马关条约》，这就是著名的“公车上书”。从此以后，他不仅是变法理论的导师，而进一步成为维新运动的领袖。从1888年至1898年，康有为先后7次上书，设计了一个以君主立宪为主体的救国方案，反复申述和论证了他的政治主张。康有为的第6次上书，即著名的《应诏统筹全局折》，他从事物发展规律的高度，论述变法的必要，从而得出“变法而强，守旧而亡”的结论。这次上书收到了一定的效果，康有为受皇帝之命提出了变法的具体步骤，即“大誓群臣以革旧维新”、“开制度局于宫中”、“设待诏所许天下人上书”三大急务。1898年他又向皇帝呈上一部《日本政变考》，目的是要中国效仿日本明治维新，采纳西政，实行君主立宪制度。

康有为在极力争取皇帝支持，实行自上而下改革的同时，也把目光投向社会。1895年，他领导创建了维新组织强学会，办起《中外纪闻》、《强学报》等维新刊物。1898年4月，以“保国、保种、保教”为宗旨组织起保国会。

1898年6月11日，光绪帝终于采纳康有为的建议，下诏变法。6月16日，在颐和园勤政殿，光绪帝特旨召见康有为。光绪帝命他在总理衙门章京上行走，谭嗣同、杨锐、刘光第、杨深秀等人入军机处任章京担负具体职务，推行新政。为了便利康有为为皇帝出谋划策，光绪又特许他专折奏事。在百日维新中，康有为充当了政治改革方案的设计师，光绪帝发布的一系列新政，基本上是根据康有为等维新人士的改革建议颁行的，其内容涉及政治、军事、经济、文教等方面。

随着维新运动的深入发展，维新派与顽固守旧派之间的矛盾也日益激化起来，双方争斗越来越激烈。慈禧太后于9月21日发动政变，绞杀了新政。光绪帝被幽囚，康有为、梁启超逃亡国外，谭嗣同、林旭、杨锐、刘光第、杨深秀、康广仁六君子被杀害。变法仅仅持续103天，就以失败而告终，故史称“百日维新”。

变法失败后，康有为在海外流亡了16年之久，他周游列国，继续寻找救国救民的方案。辛亥革命后，康有为在上海担任孔教会会长，创办《不忍》杂志，提倡以孔教为国教。1917年，为支持张勋复辟帝制，康有为来到北京，这次复辟帝制几天工夫便被粉碎，康有为的政治生涯就此结束。1919年的五四运动中，他要求日本政府从山东撤军，归还青岛。1922年7月，他怒斥湖南省长赵恒惕分裂国家的所谓“联省自治论”。由于迷信皇权，康有为思想渐趋保守，在海外组织保皇会，与孙中山领导的资产阶级革命派展开了论战。

1927年3月31日，康有为与世长辞，终年70岁。

【解读】

康有为是近代著名政治家、思想家、社会改革家、书法家和学者。他是清末民初最有影响的思想家，在19世纪的最后几年，他领导了中国知识界的启蒙运动。

在我国历史上，他首次提出了立宪政体，并提出了具体的宪政方案。在坚持儒家传统和帝制的前提下，逐步学习西方的立宪经验。

康有为的立宪思想有很多保守的成分，但作为我们民族思想文化成果的组成部分，仍然应当予以重视。

教义创立的修佛王子

【名言】

一切罪中，杀生第一，偷盗第二，淫欲第三，淫欲者，恩爱相缠，千万生中不得解脱。何以故？生死根本，淫为种子，是故菩萨，欲出处死，先断爱渴。

——释迦牟尼

【故事】

释迦牟尼原名乔达摩·悉达多。因为母亲早死，由姨母抚养成人。16 岁时，他和拘利城公主耶输陀罗结婚，后来生子罗喉罗。这一时期，释迦牟尼过着奢华而舒适的生活。然而，宫廷的舒适生活却不能使他的心灵得到平静。19 岁以后的多次出游，让他看到人们正在遭受着各种不同的痛苦，而且无论是谁，无论贫富，都无法摆脱生老病死的最终命运。释迦牟尼始终坚信，世界上应该存在一种永恒的东西，不会因为任何瞬间的痛苦或者死亡而消失。29 岁时，他放弃了王宫的安逸生活，弃家外出寻道。

最初，释迦牟尼向一些著名的婆罗门学者求教，后来依照他们的说法，成为一名苦行僧，进行了长达 6 年的艰苦修行。由于营养不良和过分劳累，某一天夜里，他突然晕倒。醒来后，他意识到苦修并不能得到什么结果。他慢慢走进尼连禅河，用冰冷的河水洗净了身上多年的积垢，又吃了牧女善生送给他的乳糜，使身体和精神得到恢复。在离开尼连禅河前往婆罗捺斯的路上，在一个叫做伽耶的地方，释迦牟尼看到一棵菩提树。他在树下跏趺而坐，发誓“不获佛道，不起此座”，想要获得解除人生苦难的终极办法。经过49天的冥思苦想，他终于大彻大悟，领悟到了解脱生死的涅槃之道，创立了佛教的基本教义。那一年，他35岁。释迦牟尼在菩提树下的思索，构成了以四谛说为核心的佛教最基本的教义。四谛说意为四条真理，即苦谛（人生皆苦）、集谛（苦的原因）、灭谛（彻悟苦的原因，达到涅槃的境地）和道谛（通过修道达到涅槃的途径），人们通过修行、断惑、涅槃，最终成为阿罗汉（不生的意思），而不再堕入人世的轮回。

教义创立后，释迦牟尼开始了他的传教生活，先后在婆罗尼斯的鹿野苑、王舍城的竹林精舍、舍卫城的祇洹精舍等处说法。佛教以“众生平等”为号召，很快就得到了广泛的拥护。最早皈依佛教的是两个名叫提谓和婆利迦的商人，接着，曾与释迦牟尼在尼连禅河畔苦修的5个人也成了他的信徒。后来，一些婆罗门教的祭司，释迦牟尼的姨母和儿子都成了他的信徒。而释迦牟尼也被信徒称为“佛陀”（意为“觉者”，汉语简称“佛”），这个新宗教就被称为佛教。

公元前485年，释迦牟尼80岁，他由王舍城出发，准备到拘尸那揭罗去说法，后途中染病，在拘尸那揭罗的跋提河畔双沙罗树间死去。遗骨火化，得舍利数枚，由信徒们分别拿到各处建塔供奉。

【解读】

释迦牟尼是佛教的创始人，成佛后的释迦牟尼，被尊称为佛陀，意思是大彻大悟的人；民间信仰佛教的人也常称呼佛祖、如来佛祖、我佛如来。

释迦牟尼成佛以前是迦毗罗卫国太子，本可以继承衣钵，平平稳稳地做个富贵皇帝，可他依然坚持自己的信仰，创立了佛教。如今，佛教已经成为了世界上的三大宗教之一。如果没有释迦牟尼当初的坚持，就不会有影响深远的佛教了。

道教之祖

【名言】

道生一，一生二，二生三，三生万物。

——老　子

【故事】

张道陵是张良的八世孙。东汉光武帝建武十年（34 年）生于临安于潜镇南的生仙山（一说为西天目山）。据说生仙山上有一座道观，称为生仙宫，又名集真宫、天师宫，为张道陵故宅。据传，张道陵生得高大魁梧，身高九尺二寸，庞首广额，朱顶绿睛，高鼻方脸，英气逼人。不仅相异，且是聪明绝顶。到了 7 岁，就已上知天文，下知地理，尤其精通《道德经》以及河图洛书等。后来被地方推荐，在东汉明帝永平年间，做了江州县令。但他虽然身在官场，却一心钻研修炼的奥秘。不久，便辞官隐居于天目山。

东汉和帝永元年间，张道陵到了洛阳炼丹。后来，他又到了鄱阳湖，上龙虎山，修炼成了九天神丹，并长期居住于龙虎山，因而龙虎山就成了道教圣地。在这里他创建了正一道，即天师道。天师道是张道陵创立并由其子孙世袭相传，以老子为教主，道为最高信仰，符录斋醮为手段，以追求长生不死和成仙为最高境界的一种宗教组织。张道陵开始炼丹修道于龙虎山，于是龙虎山可称为中国道教第一山。张道陵是中国道教创始人，他是道教祖天师，又称第一代天师。

张道陵在龙虎山用3年时间炼成九天神丹后，已60余岁，吃了神丹容貌益少，“返老还童”，像30岁左右的人。接着又在龙虎山东北边的西仙源壁鲁洞，得神虎秘文，并建立天师草堂，广传弟子，为人治病。张道陵在龙虎山炼丹修道讲课时间长达30余年，这里有他留下的“炼丹池”、“濯鼎池”、“习升台”、“天师草堂”等遗址，壁鲁洞中的石灶石床石几俱存。葛洪在《神仙传》中说：“陵初入龙虎山，合丹斗剂，虽未冲举，已成地仙。”可见他那时的道学功底已经相当深厚了。

张道陵第二次携弟子经嵩山入巴蜀已过90岁高龄。为什么耄耋之年的他还要入蜀，一是“闻蜀人多纯厚，易于激化，且多名山”，对创教有利；二是“闻巴蜀疹气危害人体，百姓为病疫灾厄所困”，他要继续用符、丹为人治病，佐国佑民。入川后，他先居阳平山，后住鹤鸣山，还到了西城山、葛溃山、秦中山、昌利山、涌泉山、真都山、北平山、青城山，足迹遍及巴蜀、陕西等地。除游历治病救人外，他还精思炼志，著作道书24篇。他收徒设教，建立道教基层组织，规定凡入道者须出信米五斗（汉时一斗等于现在二升，五斗即等于现在一斗），“付天仓”以备饥荒和作“义舍”之用，因此，他创立的道教又叫“五斗米教”。

东汉桓帝永寿二年（156年），张道陵123岁，是年九月九日，将诸秘录、斩邪二剑、玉册、玉印授长子衡，乃与夫人雍氏登云台峰，白日升化。

自“祖天师正一道”创立以后，时人尊张道陵为人天之师，又称天师道。宋元以后，三山符录统归龙虎山，遂统称为正一道，以区别金元之际在北方兴起的全真道。

【解读】

张道陵（34—156 年），道教创始人，第一代天师。张道陵在创办道教之初，先后在青城山、龙虎山、巴蜀地区传道，创立了中国土生土长的宗教——道教。凡入道者交五斗米为信，后人因称其教为“五斗米道”。

道教，是一种发源于中国古代的传统宗教。它在中国古代的影响仅次于佛教。现在所说的道教，是指在中国古代宗教信仰的基础上，承袭了方仙道、黄老道等一些宗教观念和修持方法，逐步形成的以“道”作为最高信仰，奉老子为教主，以老子的《道德经》为主要经典，追求修炼成为神仙的一种宗教。

游学向佛的玄奘

【名言】

玄奘是中国第一流学者，决不居第二流以下。

——梁启超

【故事】

玄奘从小聪明颖悟，对佛学非常感兴趣。父亲去世后，经常跟着在洛阳净土寺出家的哥哥去听高僧说法，逐渐有了出家的念头。玄奘 13 岁时，在净土寺剃度为僧，开始学习佛法。18 岁时，玄奘为了躲避战乱辗转到了成都。5 年后，东出剑门、三峡，开始到各地访求良师益友。10 年后，玄奘已经精通许多佛教典籍。627 年，玄奘为了彻底解决对佛教教义的疑问，在没有拿到通关令的情况下，孤身一人踏上了西去印度求取佛法和真经的万里征程。

玄奘西行，先后经过凉州、瓜州、玉门关、伊吾、高昌、焉耆、屈支、素叶、铁门关、吐火罗国，一路上，风餐露宿，翻山越岭，穿越戈壁滩、大沙漠，最后终于到达了北印度边境。

当时的印度分为东、西、南、北、中五部分，玄奘先到北印度的佛教圣地犍陀罗国，又长途跋涉来到小乘佛教的发源地迦湿弥罗国。玄奘在王城的闰耶因陀罗寺住了两年，向一位年近古稀的高僧学习小乘经典、声明学（语言文字学）和因明学（逻辑学），并遍读寺中的佛经。离开迦湿弥罗国后，玄奘途经中印度大国摩揭陀国的国都曲女城，最后到达印度最大的佛教寺院、印度佛教的最高学府、学术文化的中心——那兰陀寺。在这里，玄奘拜寺院德高望重的主持戒贤法师，潜心研究佛法，学习《瑜伽论》。遍读所有的经论后，玄奘辞别戒贤法师到各地去游学。640 年，玄奘回到那兰陀寺，戒贤法师让他主持全寺的讲席，玄奘博学多才的名声盛传于印度各地，大乘教派称他为"摩诃耶那提婆"，即大乘天；小乘教派称他为"木叉提婆"，即解脱天。玄奘的名字在印度几乎家喻户晓。

641 年，玄奘踏上归途。645 年，终于回到了阔别 10 多年的长安，并在弘福寺开始了大规模的佛教翻译事业。玄奘不仅精通佛教教义，而且通晓梵文。他遵循"既须求真，又须喻俗"的翻译原则，用了 19 年时间，主持翻译了佛教经论 74 部，1300 多万字，是中国翻译史上翻译佛教典籍最多的一个人，开启了中国翻译史的新时代。玄奘翻译的佛经不仅丰富了中国的文化宝库，还为印度保存了许多珍贵资料，他将印度本土已经失传的《大乘起信论》由中文翻译成梵文，再传回印度，并应印度迦摩缕波国王之请，将中国古代的哲学巨著《老子》译成梵文，传到印度。玄奘的译著成为中印两大民族的共同遗产。

玄奘的《大唐西域记》记载了他亲身游历过的110个国家和他听说的28个国家的山川形势、地理位置、历史沿革、风土人情、宗教物产等，是研究中亚、南亚等国古代历史地理的重要文献。书中奇异惊险的故事成为作家们创作的素材，他们据此创作出许多文学作品，如《唐三藏西天取经》、明代吴承恩的《西游记》等。近代的考古学者还曾经依据《大唐西域记》的记载，发掘出王舍城、那兰陀寺等遗迹。

玄奘毕生致力于佛教教义的研究和佛经翻译事业，为中国以及世界佛教的发展作出了巨大贡献。中国的法相宗就是在他的影响下出现的，而日韩等国的法相宗也深受他的影响，虚心纳谏，颇有太宗之风。

【解读】

玄奘是第一个系统的把天竺的佛教、历史、地理、风土人情等记录下来并介绍到中国的人。玄奘还把自己西行途中的见闻口述下来，由弟子整理成书，这就是著名的《大唐西域记》。他还把《老子》翻译成梵文，介绍到天竺。

由于他的取经活动受人钦佩，使他后来逐渐变为神话中的人物。唐中叶就有关于他的传说，宋代出现《大唐三藏取经诗话》，明代吴承恩又有《西游记》，使唐僧在中国成为家喻户晓的人物。

潜心修行的禅宗

【名言】

无心无可得，说得不名法。若了心非心，始解心心法。

——慧　能

【故事】

由于家境贫寒，慧能小时候没有读过书，但是很有慧根。有一天，他偶尔听见有人在朗诵《金刚经》，感触很深，就立志拜师学习。672年，他到黄梅东山，拜见第五代师祖弘忍。弘忍开口就问他："你是哪里人，来我这里想干什么?"慧能老老实实地回答说："我是岭南人，来到这里就有一个目的'作佛'。"为了试探他的慧根，弘忍摆出一副不屑一顾的样子，讽刺他说："你从新州来，是南蛮，怎么能成佛呢?"慧能当即尖锐地反击说："人的确是有南北的分别，但是佛性没有，我的形体虽然和你的不同，但我们的佛性没有差别的。"弘忍一听就把他留下来。但是让他在寺庙里作苦工——碓房舂米。后来，弘忍就亲自教导他，让他完全继承了自己的衣钵。为了避难和潜心修行，他在岭南隐居了15年以后，才正式向世人宣布自己禅宗六祖的身份，并且开始收弟子讲经。

中国禅宗从达摩开始，100余年间用的都是《楞伽经》，所以也叫楞伽宗。达摩的三传弟子道信开始把《金刚经》等也作为经典，到了慧能的时候，就用文句简单的《金刚经》代替了《楞伽经》，说白了就是把佛经通俗化。他希望能够摆脱烦琐的思想束缚，比较简单地求得开悟。

在长期习悟佛法及讲法的过程中，慧能大师形成了自己的一套思想，这些圆融高深的智慧都记载在《坛经》中。

《坛经》大概可以分为有性净说和顿悟说两部分。一是性净说。他认为人的心的范畴里面包含了本心和妄心这两个层次的对立。心即是一个客观存在，也是指人们的用心。人们在用心的时候可以分成善心和恶心两类。《坛经》中说："世人性本自净……思量一切恶事，即行于恶；思量一切善事，便修于善行。"慧能比以往任何弹师更加强调净心就在妄心之中，也就是说各种心的结构、层次虽然不同，但它们是一体的。修行的人不应该离开他们的不好的妄心去求真，而是应该“即妄求真”。慧能的看法中还认为，人们的本性不是恶的，这样就突破了以往禅学中的人性善恶二元论，强调了人的修行作用。二是顿悟说。在修行的实践上，慧能强调“以定惠（慧）为本”，认为定就是慧，慧就是定，突出智慧在修行中的决定作用。“本觉”指一般人先天具有的佛家的智慧，就是他的“慧根”，“超越三世”就是顿悟，如果这个先天的条件具备了，坐禅、念佛、守心等一系列禅修的方法，就只剩下观念的转变了。这就是顿悟说的基础。慧能的顿悟法门展现为“无念、无相、无住”三个方面。认为是“无念为宗，无相为体，无住为本”。他说：“心量广大，遍周法界，去来自由，心体无滞，即是般若。一切般若智，皆从自性而生，不从外入。若识自性，一悟即至佛地。”

慧能的弟子很多，最著名的有青原行思、南岳怀让、菏泽神会、南阳慧忠、永嘉玄觉五人。他们得法以后，都自成一家。慧能和神秀都是弘忍的大弟子，但是因为对禅的看法不同，后来分为南北两宗。慧能这一派受到人们的仰慕和统治者的重视。中唐以来，慧能的曹溪法门成为修行的人普遍奉行的规则。

【解读】

惠能作为在中国历史上有重大影响的思想家之一，与代表东方思想的先哲孔子和老子并称为“东方三圣人”。其思想包含着的哲理和智慧，至今仍给人以有益的启迪，并越来越受到广泛的关注。

瑞恩的井

【名言】

人必须像天上的星星，永远很清楚地看出一切希望和愿望的火光，在地上永远不熄地燃烧着火光。

——高尔基

【故事】

加拿大有一个小男孩瑞恩·希里杰克，有一天他在电视上看到非洲有成千上万的儿童没有洁净的水喝，他们渴急了就去喝残留在水洼里的脏水，甚至牲畜的尿！六岁的瑞恩瞪大了眼睛。他根本不相信，这世上居然会有人没有洁净的水喝，而且会因此死去。他难过极了。

忽然，电视中传出来一句话：“70 块钱可以建造一口井！”这让瑞恩激动不已。“我一定要为他们挖一口井。”他想，“我明天就要带 70 块钱来。”

电视节目结束后，他迫不及待地向妈妈伸出手，“妈妈，给我 70 块钱。”面对瑞恩的请求，妈妈根本就没当回事。瑞恩只好沮丧地走开了。可是一整天，电视中那些非洲孩子因饥渴而死去的画面充斥着他的脑海。

后来瑞恩的爸爸妈妈告诉瑞恩：“如果你真的想要。你可以自己赚，比如打扫房间、清理垃圾，我们会给你报酬。”

瑞恩得到的第一个任务是吸地毯。干了两个多小时，经过妈妈的

“验收”后，瑞恩的储蓄罐里多出了两块钱。此后，瑞恩经常利用业余时间做家务。可半年过去了，瑞恩非但没有放弃，反而干得更加卖力了。每当爸爸妈妈劝他停止时，瑞恩就说：“让我再干一会吧，我一定要赚取足够的钱，为非洲的孩子挖一口水井！”

瑞恩每天睡觉前都祈祷：让非洲的每一个人都喝上洁净的水。

附近居住的人知道了瑞恩的梦想，都被瑞恩的执著感动了，纷纷加入了“为非洲孩子挖一口水井”的活动中。不久，瑞恩的故事出现在肯普特维尔《前进报》上，题目就叫《瑞恩的井》。随后，《渥太华公民报》又刊登了同样的报道。瑞恩的故事开始迅速传遍加拿大，不断有电视台要求采访。

一周后，在瑞恩家的邮筒里出现了一封陌生的来信，信封上写着“瑞恩的井”，里面有一张25万元的支票，还有一张便条：“但愿我可以做得更多。”

在不到一个月的时间里，有上千万元的汇款来支持瑞恩的梦想。五年过去了，这个梦想竟成为上万人参加进来的一项事业。这个普通的男孩儿瑞恩被媒体称为“加拿大的灵魂”。2002年9月30日，他接受了加拿大总督克拉克森颁发的国家荣誉勋章，同年10月。他作为唯一的加拿大人，被评选为“北美洲十大少年英雄”。如今，他的梦想已基本实现，在缺水最严重的非洲乌干达地区，有56%的人能够喝上纯净的井水了。

有记者问道：“是什么让你坚持做这件事情？”瑞恩说：“我梦想着有一天，非洲的人都能喝上洁净的水。这是个很大的梦想。但我知道，只要真心向往，并且努力奋斗，每个人都可以达成自己的梦想。我坚信，这个世界上没有什么事情是不可能做到的，事实证明，确实如此，只要你想做你就能做得到！”

【解读】

梦想和现实是有距离的。排除偶然因素，梦想不能变成现实的原因是因为我们不敢相信这种可能性。但是瑞恩的经历告诉我们，在这个世界上，只有坚持梦想，并且持之以恒的努力，就能达成愿望。

投向己方篮筐的进攻

【名言】

一个伟大的灵魂，会强化思想与生命。

——艾默生

【故事】

在一次欧洲篮球锦标赛上，保加利亚队与捷克斯洛伐克队相遇。当比赛剩下 1 秒钟时，保加利亚队以 2 分优势领先，一般说来已稳操胜券。但是，那次锦标赛采用的是循环制，保加利亚队必须赢球超过 5 分才能取胜。可要用仅剩下的 1 秒钟再赢 3 分，谈何容易。

这时，保加利亚队的教练突然请求暂停。许多人对此举付之一笑，认为保加利亚队大势已去，被淘汰是不可避免的，教练即使有回天之力，也很难力挽狂澜。

暂停结束后，比赛继续进行。这时，球场上出现了众人意想不到的事情：只见保加利团队员突然运球向自家篮下跑去，并迅速起跳投篮。球应声入网。这时，全场观众目瞪口呆，全场比赛时间到，但是，当裁判员宣布双方打成平局需要加时赛时，大家才恍然大悟，保加利亚队这出人意料之举，为自己创造了一次起死回生的机会。加时赛的结果，保加利亚队赢了6分，如愿以偿地出线了。

【解读】

突破固有思想的束缚的意外之举，有的时候会带给你意想不到的收获。把球投向自己的篮筐之中，出乎所有人的意料之外，但是就凭借着这宝贵的一球，保加利亚如愿以偿的出线了。

闲话提升了收视率

【名言】

倘若你有一个思想，我也有一个思想，如果我们彼此间交流思想，那我们便有了两种思想。

——萧伯纳

【故事】

有一家电台，在激烈的媒体大战中一直不能崭露头角，台长用了很多办法还是无济于事。广告收入每况愈下，员工工资都发不出来了。

一天，台长一边听着自己电台广播的节目，一边思考着对策。这时，新闻节目开始了，这是台长精心策划的一个栏目，为了表现电台进行新闻报道的实时性，他要求记者采访的新闻要现场直播，而不是事先录制后再播放。可听着听着，忽然一个不和谐的声音传了出来，竟然是记者和主持人用方言说闲语的声音！原来主持人在联系外派记者的时候，竟然忘了关掉直播的按钮，他们说的几句闲话就通过电波传了出来。

台长气得大骂，为了电台的生存和发展，他倾注了大量的心血，没想到他们对工作还是掉以轻心！这样的失误太严重了，他决定开除那两个人。他默不作声地等到节目结束，正要给办公室打电话，忽然电话铃响了。

他抓起话筒，电话是一个听众打来的。那听众激动地说，他原来一直都以为节目是事先录制好的，没想到他们电台的新闻都是现场报道，这样太好了。台长忙说："我们一直都是现场直播，您没有发觉吗？"

那听众说："我是刚才才发觉。听到主持人和记者的闲话之后，我才知道的。"

后来，台长又接到很多听众反馈来的信息，都是称赞电台的直播好的，却没有一个人埋怨主持人和记者的失误。台长很纳闷，因为他搞直播已经搞了两年多了，一直没有引起强烈反响，没想到一个小小的失误才使人们认识到了他的苦心。经过几天的思索和与听众的交流，台长决定有意地制造一些失误，不但表现了他们的工作，而且还让主持人和记者都以普通人的身份呈现在听众的面前，拉近跟听众的距离。没想到这样一来，听众迅速增多，商家又开始投放广告了，收入也开始蒸蒸日上。

【解读】

看似意外的事故，却带来了叫人意想不到的结果。电视台的一个失误，打破了旧有播放的固定局面，迎来了直播的春天。

所以，有时候要具有打破常规的思想，说不定你会收获更多。

堪比黄金的火车拐弯处

【名言】

自由只存在于束缚之中，没有堤岸，哪来江河？

——金斯伯格

【故事】

有位年轻人乘火车去某地。火车行驶在一片荒无人烟的山野之中，人们一个个百无聊赖地望着窗外。

前面有一个拐弯处，火车减速，一座简陋的平房缓缓地进入他的视野。也就在这时，几乎所有乘客都睁大眼睛“欣赏”起寂寞旅途中这道特别的风景。有的乘客开始窃窃议论起这房子来。

年轻人的心为之一动。返回时，他中途下了车，不辞辛苦地找到了那座房子。主人告诉他，每天火车都要从门前驶过，噪音实在使他们受不了了，很想以低价卖掉房屋，但很多年来一直无人问津。

不久，年轻人用 3 万元买下了那座平房，他觉得这座房子正好处在拐弯处，火车经过这里时都会减速，疲惫的乘客一看到这座房子都会精神一振，用来做广告是再好不过的了。

很快，他开始和一些大公司联系，推荐房屋正面这道极好的“广告墙”。后来，可口可乐公司看中了这个广告媒体，在 3 年租期内，支付给年轻人 18 万元租金。

【解读】

绝妙的主意，往往就在人头脑中的一瞬间产生了。火车拐弯处的“广告墙”就是一个绝妙的注意。

在房主眼中，这个火车拐弯处的房子就是噪音、嘈杂的代表，而在年轻人心中，这就是一个堪比黄金的商机。

所以，不同的人，对事物的看法不同。不过却反映着一个事实：超凡的思想是不会与凡夫俗子共存的。

保持愿望的五十年

【名言】

我宁可做人类中有梦想和有完成梦想的愿望的、最渺小的人，而不愿做一个最伟大的、无梦想、无愿望的人。

——纪伯伦

【故事】

英国教师卡罗在整理旧物时，发现了一摞练习册，是五十年前他所任教的幼儿园四十一位孩子的作文，题目是：未来我是……

他没想到，它们竟在自己家里保存了五十年。

卡罗顺便翻了几下，很快就被孩子们那千奇百怪的自我设计迷住了，其中最让人震撼的是，一个叫戴维的小盲童，竟认定他未来必定是英国的一个内阁大臣，因为在当时英国还没有一个盲人进入过内阁。

卡罗突然涌起一种冲动：把这些本子重新发到这些同学手中，让他们看看现在的自己是否实现了五十年前的梦想。

当地一家电台得知这一消息后，为他发了一则启事。没几天，书信向卡罗飞来。他们中间有商人、学者及政府官员等；他们都表示，很想知道儿时的梦想，很想得到那本练习册，请卡罗给他们寄去。一年后，卡罗身边仅剩下一个作文本没人索要，他的主人正是那位小盲童。他想，这个可怜的人也许已经去世。毕竟五十年了，什么事都会发生的。

就在卡罗准备把这个本子送给一家私人收藏馆时，他收到内阁教育大臣布伦克特的一封信。信中说，那个叫戴维的就是我，感谢您还为我们保存着儿时的梦想，不过我已经不需要那个本子了，因为从那时起，我的梦想就一直在我的脑子里，没有一天放弃过。五十年过去了，我已经实现了那个梦想。今天，我还想通过这封信告诉我其他的四十位同学，只要不让年轻时的梦想随岁月飘逝，成功总有一天会出现在你的面前。

【解读】

只要不让年轻时的梦想随风飘逝，成功终究会出现在你的眼前。这么坚定的话语，多么具有力量的言辞。不错，故事中的小盲童后来成了内阁总理，这不能不叫人惊叹。

孔子育徒的故事

【名言】

学而不思则罔，思而不学则殆。

——孔　子

【故事】

子路曾经问孔子："听说一个主张很好，是不是应该马上实行？"孔子说："还有比你更有经验、有阅历的父兄呢，你应该先向他们请教请教再说，哪里能马上就做呢？"可是冉有也同样问过孔子："听说一个主张很好，是不是应该马上实行呢？"孔子却答道："当然应该马上实行。"公西华看见同样问题而答复不同，想不通，便去问孔子，孔子说："冉求遇事畏缩，所以要鼓励他勇敢；仲由遇事轻率，所以要叮嘱他慎重。"

冉有曾告诉过孔子："不是不喜欢你讲的道理，就是实行起来力量够不上呢。"孔子说："力量够不上的，走一半路，歇下来，也还罢了；可是你现在根本没想走！"这就是冉有的情形。子路不然，子路是个痛快人，孔子曾说他三言两语就能断明一个案子。有一次，孔子开玩笑地说："我的理想在中国不能实现的话，我只好坐上小船到海外去，大概首先愿意跟着我的准是仲由了。"子路当了真，便欢喜起来。孔子却申斥道："勇敢比我勇敢，可是再也没有什么可取的了！"这就是子路的脾气。孔子对他们说的话，都是对症下药。

孔子对其他弟子也同样有中肯的批评。颜渊是他最得意的弟子，但因为颜渊太顺从他了，便说道："颜回不是帮助我的，因为他对我什么话都一律接受！"又如孔子是主张全面发展的，如果单方面发展，他认为那就像只限于某一种用处的器具了，所以说："有学问、有修养的人不能像器具一样。"可是子贡就有陷于一偏的倾向，所以他就批评子贡说："你只是个器具啊！"子贡问道："什么器具呢？"孔子说："还好，是祭祀时用的器具。"意思是说，从个别的场合看来，子贡是个体面的器具，却没有注意到全面的发展。

孔子注重启发，他善于选择人容易接受的机会给予提醒。他说：

“如果一个人不发愤求知，我是不开导他的；如果一个人不是到了自己努力钻研、百思不得其解而感觉困难的时候，我也不会引导他更深入一层。譬如一张四方桌在这里，假使我告诉他，桌子的一角是方的，但他一点也不用心，不能悟到那其余的三只角也是方的，我就不会再向他废话了。”

孔子又往往能使人在原来的想法上更进一步。子贡有一次问道：“一般人都喜欢这个人，这个人怎么样?”孔子说：“这不够。”子贡又问：“那么，一般人都不喜欢这个人呢?”孔子说：“也不够。要一切好人都喜欢他，一切坏人都不喜欢他才行。”

孔子也常常以自己虚心的榜样来教育弟子。他曾说：“我不是生来就知道什么的，我不过是喜欢古代人积累下来的经验，很勤恳、很不放松地去追求就是了。”又说：“三个人一块儿走路，其中就准有我一位老师。”还说：“我知道什么？我什么也不知道。有人来问我，我也是空空的。但我一定把人们提的问题弄清楚，我尽我的力量帮他思索。”

有一次，子路问孔子人死了以后怎样，孔子说：“活着的问题还没解决，管死了以后做什么?”子路又问：“该怎样对待鬼神?”孔子说：“对待人还没对待好呢，谈什么对待鬼神!”孔子就是这样看重实际问题，而不喜欢空论的。孔子也很少谈怪异、武力、变乱、鬼神。在做人道理方面，如果提得太高而不切实际，孔子也是不许可的。子贡曾说：“我不愿意别人对待我的，我也不要照样对待别人。”孔子便说：“赐啊，这不是你现在能做到的!”

【解读】

孔子是著名的思想家、政治家、教育家，儒学学派的创始人。他博学多才，对音乐、礼仪、管理、治学等方面都有建树。他整理《诗》、

《书》、删修《春秋》，有《论语》存世，后世的读书人视其为始祖，尊称他为孔圣人。

孔子有弟子五千，七十二贤人，桃李满天下。在他与弟子之前诞生过数不清的历史典故和故事。

“背越式”跳高

【名言】

愉快的生活是由愉快的思想造成的。

——牛　顿

【故事】

在一次体育课上，体育老师正在考核一群小学生有谁能跃过一米一五的横杆。几乎所有的学生都没有成功。轮到一名11岁的小男孩时，他犹豫半天，一直在冥思苦想如何才能跳过一米一五。但时间不允许了，老师再一次催促他立即行动。

情急之中，他跑向横杆，却突发奇想，竟在到达横杆前的一刹那倒转过身体，面对老师背对横杆，腾空一跃竟鬼使神差般跳过了一米三五的高度。他狼狈地跌落在沙坑中，有些垂头丧气地低头等待批评。旁观的同学们都在嘲笑他的跌倒。

体育老师若有所思，微笑着扶他起来，并表扬他有创新的精神，鼓励他继续练习他的“背越式”跳高，并帮助他进一步完善其中的一些技术问题。而这位小学生不负众望，后来他在1968年墨西哥奥运会上，采用“背越式”的奇特跳高姿势，征服了二米二四的高度，刷新了当时奥运会的跳高纪录，一举夺取了奥运会跳高金牌，成为蜚声全球的体坛超级明星。

他就是美国跳高运动员理查德·福斯伯。

【解读】

背越式跳高，急行跳高姿式之一，是跳高比赛中最常用的跳高方式之一。背越式跳高是由美国运动员理查德·福斯伯发明的。他有着异于常人的思想，他把头脑中自由的思想，铸造成了一个伟大的发明，不得不叫人佩服。

一个青年的杰作

【名言】

思索以通之。

——荀　子

【故事】

19世纪时有一位瑞典青年，家境很不好，穷困得连肚子都填不饱，更别提入学受教育了。青年虽然在这种环境之下成长，但是丝毫不气馁，一有多余的时间就自学，因此学习了许多关于建筑和化工方面的知识。他决心要用自己的所学改变自己的命运。

后来，青年凭着所学的一些知识，开始进入建筑公司做起了小助理。他积极努力地工作，因为表现出色，先后协助了一些著名建筑师的工作。在这段时间里，他累积了许多宝贵的经验和知识，再加上潜在的天分，逐渐在建筑界小有名气，为许多人所肯定。但是，由于他没有好的学历和出身背景，所以不管他再怎么努力，也无法打入上流社会，成为地位崇高、有名望的建筑师。看到无法实现愿望，青年因此郁郁终日。

有一天，他在街上远远地见到一群侍卫，簇拥着瑞典国王查理四世出访，他情不自禁地想："如果我有国王这样的机遇就好了。"

查理四世原来是个法国人，曾是拿破仑身边的元帅，由于他的卓越才能为老瑞典国王所赏识，因此在临终之前收他为义子，要他统治瑞典。查理四世不负老瑞典王的厚望，将瑞典治理得井井有条。

但是，要怎么样才能引起国王的注意呢？青年动起了脑筋。

"如果我能建造一个很特殊的建筑物，来吸引国王，那就好了！"青年的眼睛一亮，"对呀！国王原来是法国人，如果我在瑞典建造一座类似法国凯旋门的建筑物，一定能引起他的注意。"

有了这个想法，于是青年四处奔走，争取到几位过去有生意往来的企业家的支持，不久之后就在瑞典一座小城内，盖起了一座抓住了法国凯旋门神韵的建筑物。一天，国王经过小城，看到这个建筑物时，惊讶得说不出话来，睹物思情，缅怀过往，引发了他许多的感慨。

事后国王特别召见青年，夸赞他的建筑技术。

受到国王赞赏的青年，忽然之间名声大噪，各种媒体争相报道有关他和他的建筑作品，他被大家奉为建筑天才。从此，他不但挤进了上流社会，更一跃成为瑞典建筑界大师，身价百倍。

【解读】

故事中的青年为了成为顶级的建筑师，不惜讨好国王。虽然他的行为有待商榷，但是他的方式却很有效。这么聪明的主意，只有善于思索的人才能想出来。

聪明的费尔夫

【名言】

公民的自由主要依靠良好的刑法。

——孟德斯鸠

【故事】

费尔夫·霍克斯是个十二岁的捷克少年，住在南方的古城布尔诺。这座古城是以捷克古代的一位大侦探的名字命名的，城里的居民，都为这位古代的大侦探感到骄傲。费尔夫·霍克斯也不例外，他从小就立下当侦探的志向，并看了不少抓捕罪犯的书。

这一天，他又独自来到靠城墙的废旧汽车堆放场，想找个同伴一起玩警察抓强盗的游戏。这里堆放着各种型号的破旧汽车，工人们两个月才来这里一次，用水压机将破旧汽车压得扁扁的，再送到炼钢厂去回炉。因此，平时这里很难见到人。

费尔夫没见到常跟他玩的同伴，扫兴地在破旧汽车中间转来转去。忽然，他听见隐隐约约有人在用酒瓶喝酒。酒瓶底碰在桌子上的声音很有特点：先是轻轻的一声“啪”，接着是酒在瓶子里摇晃的嗡嗡声。

那声音是从一间光线昏暗的工作间里发出来的，谁会偷偷地在这里喝酒呢？

费尔夫警觉起来，悄悄靠近工作间，凑近窗一看，只见里面的桌上放着一大捆钞票，一个长着大胡子的彪形大汉在边喝酒边数钱。

费尔夫朝那人仔细一看，呀，他是抢劫杀人犯盖斯尼！三天前，他抢劫了布尔诺的一家银行，杀死了两名银行职员。报上登出了通缉捉拿他的告示和照片，警方在出城的要道上加强了警戒，千方百计要将他逮捕归案，没想到，他溜到这里来了。

费尔夫正想赶快去报警，谁知脚下碰倒一只酒瓶，盖斯尼马上冲出来，一把抓住他的胳膊，将他拖进了工作室。抢劫犯恶狠狠地问道："是不是警察派你进来的？快说！"

费尔夫故作轻松地回答："我可不是警察，我是强盗，警察正在抓我，我得赶快逃到城外去躲起来。"

抢劫犯盖斯尼以为费尔夫在嘲弄他，就将他一把抓得两脚离地，骂道："你在说我是强盗？我还是杀人犯呢！老实说，你来干什么？"费尔夫这才装作害怕地说："我和彼佳玩警察捉强盗的游戏，他扮警察，我扮强盗。我知道这里有一条地道可以通往城外，想钻出去。他抓不到我，我就赢了。"

盖斯尼正愁逃不出警察的封锁，听说破旧汽车堆放场里有秘密地道，眼中顿时大放光芒。他马上从口袋里掏出一把钞票，塞给费尔夫，说道："你带我从地道里走出城，我可以给你这么多钱。"

费尔夫回头瞅瞅桌上的那一大捆钞票，摇摇头说："不行，你给得太少了！"

盖斯尼冷笑了一下，说："看来，你是块当强盗的料，居然从我的手里抢钱！好，再给你一些！"说罢，他从那捆钱中抽出一叠，塞给了费尔夫。费尔夫将钱藏到内衣口袋里，挥挥手说："跟我来吧。"

费尔夫带着盖斯尼来到一堆旧木板边，说道："地道口就在这下面，你自己动手吧。"

盖斯尼猛地将那一大捆钱扔在地上，又揪住费尔夫的衣领，恶狠狠地说："一起搬木板，你得先进地道，给我带路！"

很快，地道口露出来了，费尔夫比较瘦小，一下子钻了进去。走了一段路，洞变窄了，只可以猫着腰行走，到后来就只能匍匐爬行了。盖斯尼拖着那一大捆钱，行动很不方便，在后面骂骂咧咧地说："你别胡弄老子，小心老子一枪崩了你！"

费尔夫答应道："别担心，过了这一段狭窄的地方，前面就宽敞了。你想想，地道得从城墙下通过，这是好挖的吗？"

盖斯尼不吭声了，尽量缩紧大肚子，拖着那捆钱向前爬去。爬着爬着，他觉得自己完全被卡住了，往前爬又不行，往后退又不行，急得大喊道："小家伙，这是什么鬼地道呀！你快过来帮帮我！否则，我一枪崩了你！"

但是，他只听见费尔夫在很远的地方回答道："你试试能不能将枪从口袋里掏出来，如果能，你也有办法往前爬了。再见，等着警察来把你弄出地道吧。"

盖斯尼只能卡在那里，束手就擒了。

【解读】

犯罪分子凶残而狡猾，所以和一切犯罪分子斗争都必须要运用智慧，不能盲目冒进。

十二岁的霍克斯就是这样一位聪明、机智的少年，他利用地道和身材的差异成功逮到了臭名昭著的盖斯尼，彰显了法律的威严，为他人赢得了自由祥和的生活环境，值得所有少年学习。

用画笔描述心灵世界

【名言】

荣誉在于劳动的双手。

——达·芬奇

【故事】

达·芬奇于1452年出生在佛罗伦萨，他的父亲是一个公证人，在家庭经济上比较富裕，这保证了达·芬奇能够获得良好的教育。达·芬奇的童年是在祖父的农庄里度过的。这培养了他对大自然的热爱。达·芬奇喜欢音乐，但是他在美术方面的天赋却更高，因此人们都称他为"绘画神童"。父亲将达·芬奇送往佛罗伦萨，拜著名的绘画大师弗罗基奥为师，开始系统地学习造型艺术。这时的达·芬奇只有14岁。弗罗基奥的艺术作坊是当时佛罗伦萨著名的艺术中心，经常有很多艺术大师在这里聚会，探讨自己的心得体会。达·芬奇在这里结识了一大批知名的人文主义者、艺术家和科学家，开始接受人文主义的熏陶。

弗罗基奥为达·芬奇上的第一课就是要求他开始画鸡蛋，但是这时的达·芬奇对画鸡蛋这种训练方法不屑一顾，认为画鸡蛋太简单、太轻松了，所以他就没有认真地画。弗罗基奥检查作业的时候，看见达·芬奇画的鸡蛋歪七扭八的，弗罗基奥就耐心地说："你看看这鸡蛋的表面，它是由多种不同的层面组成的，这既简单又复杂，画鸡蛋是基本功，没有基本功，你怎么可能成为一个绘画大师呢？"达·芬奇顿时无语，从此他开始专心地学习，即使最简单的绘画他都会画到自己满意，感觉比较完美了为止。

在达·芬奇20岁时，他高超的绘画和雕刻技艺让著名的绘画和雕刻大师都称赞不已。这时的他开始用自己的雕刻刀和自己的画笔开始描述着自己的心灵世界，也在描述着自己对大自然美的看法。

在艺术创造方面，达·芬奇解决了造型艺术三个领域——建筑、雕刻、绘画中的重大课题，他解决了纪念性中央圆屋顶建筑物设计和理想城市的规划问题，同时他还解决了对于雕刻家深感棘手的骑马纪念碑雕像的课题，对于纪念性壁画和祭坛画更是在他的画笔下得到了充分的发挥。

达·芬奇的艺术作品不仅能够完全反映出人物的基本外貌，还能把人物的各种情绪渲染得淋漓尽致，画中的人物仿佛就是一个活生生的个人，就是一个完美的整体。有一次他帮老师弗罗基奥在一副名为《约翰为基督洗礼》的画中画了一个小天使，结果他的水平完全超过了弗罗基奥的水平，这让他的老师禁不住地称赞。在达·芬奇的绘画里最著名的就是壁画《最后的晚餐》、祭坛画《岩间圣母》以及肖像画《蒙娜丽莎》。这三幅画是达·芬奇最著名的作品，更是欧洲艺术界最伟大的作品。特别是《蒙娜丽莎》历经4年才完成，任务的表情更是达到了无可复加的地步。人们在看《蒙娜丽莎》的时候更是把她的右手称为美术史上最美的一只手。

《最后的晚餐》是达·芬奇绘制在格拉齐教堂圣餐厅的墙壁上的画。达·芬奇让所有人物座成一排面向外，而耶稣基督坐在最中间，而犹大与众门徒分隔开，画在餐桌的对面，处在孤立被审判的位置上。由于达·芬奇对人的形象和心理作过深入的观察和研究，所以能从人物的动作、姿态、表情中洞察人物微妙的心理活动并表现出来。

【解读】

达·芬奇是意大利文艺复兴时期著名的美术家、建筑家、美学大师。他自小生活在环境优美的佛罗伦萨郊区的芬奇镇，他的画风优美，是继古希腊以来最伟大的画家，恩格斯则佩服地说："他是巨人中的巨人。"

达·芬奇是一位天才，一个艺术型的天才，他涉猎于绘画、雕塑、建筑、历史、美学、哲学等，是文艺复兴时期涉猎最广、成就最大的一个人。同时他思想深邃、博学多才，他把艺术、科学、感性、理性完全融为一体，达到了天人合一的境界，继承并发扬了古人的创作手法，把艺术推到一个前所未有的高度。人们更是称赞他为文艺复兴时代最完美的代表人物。

追求自由的艺术

【名言】

我不怕死，死是一种美，我所怕的是久病不能工作，那是对时间的浪费。

——毕加索

【故事】

毕加索刚出生时，是一个浑身青紫的男婴。助产士以为这是个死胎，便撂在桌子上忙着照料产妇去了。幸亏他的叔叔、当地有名的布拉斯科医生及时赶到。他经验丰富，判定婴儿并没死去，便立即着手抢救。过了好一阵子，婴儿才脱离窒息状态，“哇”地一声哭了出来，开始呼吸人世间的气息。这个被宣判为死婴的孩子便是后来举世闻名的艺术家毕加索。

毕加索来到世界上不久，便显露出他与绘画艺术的天然渊源。据说小毕加索学会的第一个音节就是“匹兹”，毕加索好像是在向母亲索要一支铅笔，以便用它涂涂画画。小毕加索的确很早就喜欢用笔在纸上画一些纠缠不清的螺旋形。毕加索常在父亲的画室找乐趣。一次他父亲嫌他太吵闹，给了他一张纸和一支笔，任由他胡乱涂画，可不一会儿，他竟完成了一幅“作品”，递给父亲，等待夸奖。他父亲看着纸上潦乱的线条，不知是何物，小毕加索居然发音含混地告诉父亲这是一块小甜饼。

自然，小时候对毕加索影响最深的是他的父亲。他看到儿子对画画很有兴趣，就对他进行训练。他先教他观察和思考的能力，接下来让毕加索学会吃苦，练习基本功。毕加索常常坐在父亲的画室里，一边认真观察，一边认真画画，画坏了从头再来。在父亲的指导下加上自己的勤奋，毕加索进步很大。

毕加索 6 岁那年，他被父亲送进马拉加最好的一所公立学校读书。毕加索此时对绘画艺术的兴趣与日俱增，同时他对普通教育的反感和抵制情绪也在与日俱增。他对学校安排的课程总是打不起精神去学，作业马马虎虎，能逃则逃，考试能躲则躲。父亲对此忧心忡忡，生怕儿子的前途毁在这里，于是想方设法又把他转学到一家管理较严格的私立学校去。可他依然如故，没有任何改观。少年毕加索一进学校就垂头丧气，好像被关进了监狱。有一次，因为他把鸽子带进教室照着画被老师发现，挨了一通批评。他便赌气拒绝上学，后经他父亲反复向学校求情，最后总算对毕加索作出让步，允许他将鸽子放在书桌里面，默不作声地照着鸽子画，以免影响其他同学上课。然而毕加索还是做不到不扰乱课堂秩序。有时他完成了一幅得意之作，便忍不住拿出来炫耀一番。作品会在同学手中传来传去。一次老师发现后，很不高兴，等到他扫了一眼手中的作品，批评的话却堵在了喉咙中，因为老师也惊叹于毕加索的绘画技艺。他心想："将这样一个小天才关在课堂里学他不爱学的东西的确受罪，也是一种浪费。"

后来，毕加索终于考进拉科鲁尼阿的达古阿达工艺学校，就读于人物绘画班。在这4年里，毕加索开始接触正规的美术教育并尝试了一些严肃的创作。在拉科鲁尼阿的日子里，他别出心裁地创办了一种画报式的书信，以此同自己的亲朋好友联系，因为他的真情实感只愿也只能诉诸画笔。在画报中，他报道了当地的面貌和趣事，在当地是恶劣气候时，他画了一男一女挤在一起，雨伞和裙子在风雨中飞舞。文字说明是："狂风大作，把拉科鲁尼阿吹到九霄云外。"他还在画报的封底正经地登一些广告，诸如"求购纯种鸽子"之类。

1895年，毕加索考进了巴塞罗那的美术学院。为了他更好地学习，全家也迁到这里。毕加索轻松地从初级班跳到高级班，但那些因循守旧的老师无论如何也提不起他的兴趣，他又"旧病复发"开始逃学。他并不是在逃避他不会也不想会的那些东西，而是此时他已把别人远远抛在后面。美术学院的校长在看了毕加索的几幅作品后，终于理解了这个班上年龄最小的学生经常缺课的原因。1896年，毕加索完成了三幅作品《第一次圣餐》、《唱诗班的男孩》、《科学与仁慈》，其中《科学与仁慈》在当年的全国美展上获得好评，并在马拉加全省美展上捧得了金像奖。

在一片鲜花与掌声里，毕加索离开了巴塞罗那。在那位救了自己一命的名医叔叔的资助下，他来到了首都马德里，顺利地考上了圣费尔纳多皇家学院。但一进学校，他又感到失望了。毕加索永远对学校教育感到失望，他受不了那里的空洞、教条和死气沉沉，又开始旷课了。除了去学校的画室，他几乎放弃了所有的课程，天天泡在马德里最著名的美拉多美术馆，或者就到户外写生。

那位对侄子的前途寄予厚望，一心希望侄子成名成家、光宗耀祖的医生叔叔听说毕加索逃学的事以后，便中断了对毕加索的接济。这样一来，毕加索的生活陷入了困境之中。他买颜料的钱没有了，肚子也饿得咕咕叫。更不幸的是，饥寒交迫中他患上了猩红热病，幸运的是他活了下来。他卷起行李，回到了巴塞罗那父母身边。

此时，思想正统的父亲看不惯毕加索的行为，也开始冷落他，但母亲鼓励和支持他，他又重新燃起了对艺术追求的信心。为了感激母亲，他把自己创作的作品署名改为母亲的姓——毕加索。

19 岁的毕加索十分向往当时世界艺术的中心——巴黎，再加上他与家庭之间出现了一道裂痕，他感到心灰意冷。他决定到巴黎去闯世界。动身之前，他还为自己画了一幅自画像。虽然他的生活非常的艰辛，但他并没被困难所吓倒，在艺术上仍然孜孜不倦地探索着。他画出了一系列以蓝色为基调的绘画作品，比如《卡沙格马斯的葬礼》、《蓝宝》等，由于这段时期毕加索穷困潦倒，生活不如意，使得他这一时期的作品都充斥着代表着忧郁、苍茫的蓝色。人们把这段时间称为他的“蓝色时期”。也正是这一段时间，他积蓄了抵抗困难的勇气和激情，开始了他不知疲倦的创作。这位穷困潦倒的画家，在当时除了他的才能外，几乎是一无所有。

1904 年后，毕加索在他称为“洗衣坊”的巴黎马特尔山的斜坡上的拉维格南街 13 号连续住了 5 年。毕加索在这里经历了他的“玫瑰色时期”，并开创了举世闻名的立体主义绘画。“洗衣坊”的生活条件十分恶劣，可是，在这里毕加索第一次堕入情网，穷困潦倒的生活从此充满阳光，一幅题为《沉思》的作品是这种生活的真实写照。这幅水彩画中，一位青年男子正坐在床边，若有所思地注视着一位熟睡的体态丰满的女子。毕加索的潜台词似乎是：无论多么贫穷，只要有了爱情，生活就会变得富足。

随着毕加索名气的与日俱增，他渐渐富裕起来了，早期那种哀怨的小人物形象也从画面上消失了。毕加索进入竭尽全力研究绘画形式的新时期。他开创的“立体主义”绘画，在西方美术史上虽然有着巨大的影响，但由于画家注重的只是绘画的表现形式，所以这一时期，真正优秀的作品并不多。

在这之后的一段较长的时间里，毕加索的画风不停地在变，从立体主义变成新古典主义，接着变成超现实主义，有时，甚至还在同一时期运用多种不同的画法。这种不断探索的精神正是毕加索艺术的一个特点。他在1923年曾作过这样的解释：“艺术没有过去，也没有未来……艺术本身不会演变，人们的思想在变化，表现方式也就随之变化。”所以，在西方美术史上，毕加索既是立体主义的创始人，又是新古典主义和超现实主义的主要代表。

1937年4月26日，西班牙巴斯达克省文化中心格尔尼卡遭受到佛朗哥指使的德国法西斯空军的突然袭击。在长达3个多小时的狂轰滥炸中，小镇被夷为平地，有2800余人惨遭无辜杀害。毕加索在巴黎听到这个消息后，非常激动，立即决定以这个事件为题材，创作大型壁画。6周后，毕加索完成了这幅他最著名的油画作品《格尔尼卡》。全画由黑、白、灰三色画成，画中的妇女、小孩、战士的尸体、着火的房屋和被矛刺穿的马（象征人民）等，无一处不是对法西斯罪行的血的控诉。

1944年，巴黎解放后，毕加索加入了法国共产党。在这一政治信仰鼓舞下，他积极参加和平运动。《和平鸽》就是他应巴黎举行的保卫和平大会的要求所作的一幅石板画。在美帝国主义侵略朝鲜期间，他又画了《朝鲜的屠杀》，以此来揭露美帝国主义发动侵略战争的罪行，并进行强烈的控诉。

【解读】

毕加索是20世纪现代艺术的主要代表人物之一，毕加索毕生致力于绘画革新，利用西方现代哲学、心理学、自然科学的成果，并吸收民族民间艺术的营养，创造出了很有表现感的艺术语言；他的极端变形和夸张的艺术手法，在表现畸形的资本主义社会和扭曲了的人与人之间的关系方面，有独特的力量。

毕加索在艺术上的卓越成就，人们将其称为“人类艺术史上罕见的天才”。然而毕加索却并非只是醉心于艺术，他同时也将对政治的批判融入了画壁当中，在西班牙内战和纳粹占领法国期间，毕加索坚定地站在民主和进步势力一边，积极参与反法西斯斗争。